www.ingramcontent.com/pod-product-compliance
Lightning Source LLC
LaVergne TN
LVHW012349220826
846091LV00016B/4179

* 9 7 8 1 9 5 5 7 6 8 3 8 2 *

سلسلة بناء الكنائس الصحيحة

الوعظ التفسيري

كيف تتكلَّم بكلمة اللّه اليوم

ديڤيد هيلم

Originally published in English under the title:

EXPOSITIONAL PREACHING

by Crossway
9Marks ISBN: 978-1-955768-38-2

الطبعة الأولى ٢٠٢٠

الكتاب: الوعظ التفسيري
كيف تتكلّم بكلمة الله اليوم

المؤلّف: ديڤيد هيلم

تصميم الغلاف: دار منهل الحياة

التصميم الداخلي: دار منهل الحياة

ص.ب. ١٦٥ منصورية، المتن – لبنان

هاتف: +٩٦١ ٤ ٤٠١٩٢٢

فاكس: + ٩٦١ ٤ ٥٣٢٤٨١

بريد إلكتروني: info@Dar-Manhal-Alhayat.com

موقع إلكتروني: www.Dar-Manhal-Alhayat.com

Dar Manhal Al Hayat
دار منهل الحياة

الناشر: دار منهل الحياة

الترقيم الدولي:

المحتويات

آراء في الكتاب ٧

تمهيد: الغاية من الوعظ التفسيريّ وفوائده (ميغيل نونيِيز) ٩

مقدِّمة: العظام القديمة ١٥

١- المواءمة مع ثقافة المستمعين ١٩

مشكلةُ التَمَسُّكِ الأعمى ٢٠

الوعظ الانطباعيّ ٢٢

الوعظ المُتَرنِّح (المشوَّش) ٢٩

الوعظ "الموحى به" ٣٥

٢- التفسير ٤٥

إعطاء الأولويَّة للأكثر أهميَّة ٤٥

يوم بدأت أفهم ٤٧

أعطِ القرينة (السياق) الكتابيَّة الحقَّ في التحكُّم ٥١

أصغِ إلى نغمة النصّ ٥٣

لاحظ البنية والمضمون "محور التركيز" ٥٨

٣- التفكير في جانب النصّ اللاهوتيّ ٦٧
قراءة الكتاب المقدَّس بفطرة يسوع ٦٨
التحدِّي في المنهج التاريخيّ–النقديّ ٧١
فائدة اللاهوت الكتابيّ ٧٥
دور اللاهوت النظامي ٨٨

٤- اليوم ٩٣
تركيبة الجمهور ٩٥
ترتيب مادَّة العظة ١٠٣
إقامة الحُجَّة ١٠٩
تطبيق عظتك ١١١

الخاتمة: العظام اليابسة ١٢١
الملحق: أسئلة يطرحها الوعّاظ ١٢٣
شكر خاص ١٢٧

آراء في الكتاب

"يحتاجُ كُلُّ واعِظٍ يُبحِرُ في صَفحاتِ الكِتابِ المُقَدَّس، إلى شِراعٍ يدفَعُهُ إلى التَّقَدُّم إلى العُمقِ، وإلى بُوصلَةٍ تَقُودُهُ في الاتِّجاهِ الصَّحيح، وإلى دُفَّةٍ تُمَكِّنُهُ من التَّحَكُّم بِمَسارِ الرِّحلَةِ للوُصُولِ إلى الهَدَفِ المَنشُود. هذا ما يُقَدِّمُهُ ديڤيد هيلم بمهارَةٍ في كِتابِهِ "الوعظ التَّفسيريّ" لِكُلِّ دارِسٍ مُخلِصٍ لِقَصدِ الرُّوحِ ممَّا أوحى بهِ لأنبيائِهِ وسلَّمَهُ لِقُرَّائِهِ.

"أتشوَّقُ لمراجعة الكتاب ليَحميَني من الشُّرُودِ عن النصّ، وأنصحُكَ باقتنائه."

القس الدكتور بيار فرانسيس

راعي الكنيسة المعمدانيَّة في الميّة ميّة. صيدا – لبنان

ليس المنبر مكانًا لتسميع فكرِ الواعظِ وفلسفتِه، بل هو مكانٌ يفسِّرُ **الله** منه فكرَه لشعبِه من خلال آليةِ عقلِ الواعظ وصوتِه. المنبرُ هو منبرُ **الله**، يعتليه الواعظُ برهبةِ المسؤوليَّة: كلمةُ **الله** مصدرُ معرفتِه، وروحُ **الله** شعاعُ استنارتِه. هكذا يراه الشعب، وهكذا ينتظر **الله** منه، إذ يسلّمُه منبرَه. هذا الكتاب جرس جريء في زمن رديء.

القس سهيل مدانات

رئيس طائفة الكنيسة المعمدانيَّة الأردنيَّة

في هذا الكتاب القيّم، يضع ديڤيد هيلم أمامنا تذكارًا متجدِّدًا لأهمّيّة مركزيّة المسيح في الوعظ. فالعظة الّتي لا تتمحور حول المسيح وعمله الكفّاريّ وشخصه المبارك ليست عظة مسيحيّة، بل هي مجموعة من الكلمات الطّيِّبة! وهذا، للأسف، ابتلاء حال كثير من المنابر في أيامنا. الوعظ التّفسيريّ هو ارتباطٌ أمينٌ بالنّصّ المقدَّس بهدف شرحه وتفسيره في الزّمان والمكان المعاصرَيْن للمستمع. إنّني أحمد الله كثيرًا على إتاحة هذا العمل في لغة الضّاد، وأرجو أن يساهم نشرُه في تغيير حياة الكثيرين.

القس الدكتور وجيه يوسف

باحث في التّراث العربيّ المسيحيّ

إنَّ كلمة الله كاملة ووافية، ولا نريد أن نمزج معها كلامًا يُضعف قوَّتها ويحرِّف مسارها، لأنَّ الكتاب يُفسِّر نفسه بنفسه.

يجعلني هذا الأمر أُدرك كواعظٍ أنَّني حفنة تراب لا يسعني إلاّ أن أنحني أمام هيبة كلمة الله وقوَّتها. فالوعظ التفسيريُّ برأيي هو احتياج الكنيسة الحقيقيّ في هذه الأيام التي كثُرت فيها الضلالات باسم كلمة الله. وهذا ما يُقدِّمه ديڤيد هيلم في كتابه الوعظ التفسيريّ، إذ هو بمثابة ضوء يُنير السبيل إلى وعظ كلمة الله. كتاب يستحقّ القراءة، وأنصح الجميع باقتنائه.

القس سمير حنا

راعي كنيسة الاتّحاد المسيحيّ/ دهوك كردستان العراق

تمهيد

الغاية من الوعظ التفسيريّ وفوائده

ميغيل نونِيز Miguel Núñez

تناولَت كتبٌ كثيرة موضوعَ الوعظ التفسيريِّ في العشر سنوات الأخيرة أو نحو ذلك. لا يُعدُّ الوعظ التفسيريُّ فكرة جديدة، أو مصطلحًا جديدًا، أو حقيقة اكتُشِفَت حديثًا. فقد قدَّم المسيح وَعْظًا تفسيريًّا في لوقا ٢٤: ١٧ – ٤٧، وهكذا فعل بولس في أعمال ١٧: ٢٢ – ٣١. أذكُرُ هاتين الفقرتين لأنَّ ديڤيد علَّق عليهما في الفصل الثالث بعنوان "التفكير في الجانب اللاهوتيِّ للنصّ". وقد أدرك العديد من الوعَّاظ العظماء في الماضي قوَّة الوعظ التفسيريِّ.

إن كان الأمر هكذا، فما سبب هذا التشديد الكبير على الموضوع مؤخَّرًا؟ يمكن عرض العديد من الإجابات المختلفة، لكن –بإيجاز– إنَّ سبب الكثير من الأسقام التي أصابت الكنائس اليوم وأمسًا يرجع، إلى حدٍّ كبير، إلى الوعَّاظ والمعلِّمين الذين لم يُعَلِّموا بكلمة الله ويعظوا بها تفسيريًّا.

الغاية من الوعظ التفسيريِّ

إن الغاية من الوعظ التفسيريِّ –كما سنرى في هذا الكتاب– هي فهم قصد الكاتب الأصليّ في النصّ الكتابيّ، وشرحه لأبناء الجيل الحاليّ حتَّى يفهموا النصّ، ويطبِّقوه على حياتهم على رجاء أن يتشبَّهوا بصورة المسيح. والمنهجيَّة بسيطة، لكنَّها ليست مُفرطة في البساطة: اقرأ النصّ، واشرحْه، وطَبِّقْه. اتَّبَعَ عزرا الكاتب في زمن نحميا هذا النمط وخَدَمَ كقدوة صالحة

لنا: "**وَقَرَأُوا فِي السِّفْرِ فِي شَرِيعَةِ اللهِ بِبَيَانٍ وَفَسَّرُوا الْمَعْنَى وَأَفْهَمُوهُمُ الْقِرَاءَةَ**" (نحميا ٨: ٨). لاحظ هذه العبارات الثلاث المهمَّة: "قَرَأُوا.. بِبَيَانٍ" أي بوضوح، "وَفَسَّرُوا الْمَعْنَى"، والناس فهموا. بعد أن يقرأ الواعظ النصّ، إن كان مُفسِّرًا أمينًا، لن يُقحِم رأيه على النصّ فهو لم يُوحِ به أو يكتبه، فتلك وظيفة المؤلّف، ألا وهو **الله**. وهذا وحده كفيل بأن يعطي الأهميَّة العظمى لتفسير كلمة **الله** بأمانة والمناداة بها.

إن كنّا نؤمن بأنّ كلمة **الله** موحى بها على نحو معصوم من الخطأ، وأنها تُعبّر عن فكر **الله**، وقلبه، ومشيئته، علينا أن نحترس من أن نزيد على ما استلمناه من **الله** أو أن نحذف منه. بالإشارة إلى العهد القديم، نجد أنَّ **الله** تكلَّم إلى موسى من العلّيقة المشتعلة قائلاً: "**لا تَقْتَرِبْ إِلَى هَهُنَا. اخْلَعْ حِذَاءَكَ مِنْ رِجْلَيْكَ لأَنَّ الْمَوْضِعَ الَّذِي أَنْتَ وَاقِفٌ عَلَيْهِ أَرْضٌ مُقَدَّسَةٌ**" (الخروج ٣: ٥). لسنا موسى، و**الله** لا يتكلّم الآن من علّيقة مُشتَعِلة، لكنَّ الذين يعظون قد استؤمِنوا على أن يتكلّموا بكلمته المعصومة من الخطأ. وفي كلّ مرَّة نفتح فيها النصّ، نحتاج نحن أيضًا إلى إدراك أنّنا على وشك أن نطأ أرضًا مقدَّسة. ينبغي أن يتحلّى الواعظ باتّجاه قلبيّ يتميَّز بالاحترام والهيبة في كلّ مرَّة يقترب إلى كلمة **الله**. إنَّ ذلك الاتجاه القلبيّ الذي يُظهِره الوعّاظ نحو كلمة **الله** من فوق المنابر، هو موقف مُعْدٍ، سواء كان اتّجاهًا قلبيًّا جيِّدًا أو سيِّئًا.

يرتبط الوعظ التفسيريّ بالحقّ، والسلطان، والقوَّة. ولا شيء ممّا سبق تحت سيطرة الواعظ، ولكنّها سمات تمتلكها كلمة **الله** الموحى بها. لا تنبع قوَّة الواعظ من مهارة بشريَّة أو من فصاحة مُدَرَّبة؛ بل ترتبط القوَّة ارتباطًا جوهريًّا بوحي كلمة **الله**؛ لأنّها صادرة من الشخص ذاته الذي تكلم في بداية الخلق، وكان قادرًا على خلق الكون ومليارات المجرَّات من العدم (التكوين ١، ٢). وهذه الكلمة نفسها تحمل الكون اليوم وتحفظه

(العبرانيين ١: ٣)، وتُحيي أولئك البشر الذين كانوا أمواتًا روحيًا (بطرس الأولى ١: ٢٣). لماذا إذًا يلجأ المرء إلى تخفيف رسالة **الله**؟ إنه يُضعِفُ بذلك ما أوحى به **الله** بقوَّته لتحقيق غايته وقصده. إن كلمات جون فريم John Frame مناسبة للغاية لهذه الفكرة: "أيًّا كان ما يفعله **الله**، فإنَّه يعمله بكلمته؛ وأيًّا كان ما يفعله **الله**، تعمله كلمة **الله**".[١]

فوائد الوعظ التفسيريّ

للوعظ التفسيريّ فوائد عظيمة. في المقام الأوَّل، نحن نُكرم **الله** واسمه. إنَّ شخصيَّة **الله** مرتبطة باسمه وبكلمته. شهد **الله** عن ذلك في المزمور ١٣٨: ٢: "**لأَنَّكَ قَدْ عَظَّمْتَ كَلِمَتَكَ عَلَى كُلِّ اسْمِكَ**". في ترجمة أخرى (ترجمة الحياة): "لأنك عظَّمتَ كلمتك واسمك فوق كلّ شيء." في القديم، كان يُعتبَر الشخص صالحًا بقدر صلاح اسمه. لذا حمى **الله** اسمه في واحدة من الوصايا العشر الأولى التي أعطاها لشعب إسرائيل. لكنَّ **الله** رفَّع كلمته أيضًا؛ فإذا سقطت كلمته، هكذا يسقط اسمه وكِيانه. يسعى الوعظ التفسيريّ نحو معنى الرسالة التي أعطاها **الله**، مُدركًا أنَّ **الله** لن يُكرم إلاَّ كلمته المقدَّسة، التي تنبع من شخصيَّته المقدَّسة.

ثانيًا، من خلال الوعظ بكلمة **الله**، يوضِّح الواعظ جليًّا للجمهور أنَّه يثق في القوَّة المتأصِّلة في كلمة **الله** ويتَّكل عليها وليس على كلمته الشخصيَّة أو كلمة أيِّ إنسان.[٢] مَدَحَ بولس أهل تسالونيكي بقوله: "مِنْ أَجْلِ ذلِكَ نَحْنُ أَيْضًا نَشْكُرُ **الله** بِلاَ انْقِطَاعٍ، لأَنَّكُمْ إِذْ تَسَلَّمْتُمْ مِنَّا كَلِمَةَ خَبَرٍ مِنَ **الله**،

1 John Frame, *The Doctrine of the Word of God* (Phillipsburg, NJ: P&R Publishing Company, 2010), 55.

2 John Stott, *Between Two Worlds: The Challenge of Preaching Today* (Grand Rapids: William B. Eerdmans Publishing Company, 1982), 132.

قَبِلْتُمُوهَا لاَ كَكَلِمَةِ أُنَاسٍ، بَلْ كَمَا هِيَ بِالْحَقِيقَةِ كَكَلِمَةِ اللهِ، الَّتِي تَعْمَلُ أَيْضًا فِيكُمْ أَنْتُمُ الْمُؤْمِنِينَ" (تسالونيكي الأولى ٢: ١٣). يتعلَّم الناس الثقة في ما يثق به الواعظ ويحترمه؛ ولا شيء يحقِّق هذه الغاية مثل الوعظ التفسيريّ بكلمة الله.

ثالثًا، يُثبِّت الوعظُ التفسيريّ بكلمة الله الواعظَ بعمق في النصّ، حتَّى يكون النصّ هو المتحكِّم في الواعظ. بهذه الطريقة يكون لدينا أفضل ضمان بأن ما نعظ به هو كلمة الربِّ في هذا النصّ بعينه. وعندما لا يكون الواعظ ثابتًا في الحقِّ الإلهي، من الممكن أن ينجرف بسهولة جدًّا برياح الحكمة البشريَّة.

رابعًا، لأنَّ الواعظ يعظ كلمة الله، سيؤيِّد الله الرسالة، وبالتالي من المحتمل جدًّا أن يرى السامعون الواعظ باعتباره رجلاً له سلطان، وليس كما كان الجمهور ينظرون للكتبة (متَّى ٧: ٢٨). إنَّ التعليم والوعظ بسلطان ليس معناهما أن يكون الواعظ شخصًا متسلِّطًا. فالسُلطان الحقيقيّ والإلهيّ يُرى في الإنسان حين يكون مشتعلاً بالحقِّ الإلهيّ. وإذ تراه مشتعلاً من أجل الله، فالآخرون يشعرون بالحرارة وبالانجذاب للشخص محور العظة؛ يسوع.

إنَّ الوعظ التفسيريّ مركزه المسيح من بدايته إلى نهايته. يذكر العهد الجديد أربع كلمات أساسيَّة متعلِّقة بالوعظ بكلمة الله. الكلمة الأولى هي [كيريسُّو kerysso]. في كلِّ المرّات تقريبًا التي استُخدِمت فيها الكلمة، كان الإنجيل أو يسوع هو الهدف.[3] وتتمثَّل الكلمة الثانية في [إيفاجليزو euaggelizo]. وقد استُخدِمت هذه الكلمة في سياق المناداة بالأخبار السارَّة

3 Walter A. Elwell, ed., *Evangelical Dictionary of Theology* (Grand Rapids: Baker Academics, 2001), s.v. "Preach, Proclaim," by Hobert K. Farrell.

(المتعلِّقة بيسوع المسيح).[4] أمّا الكلمة التالية فهي [مارتيوريو martureo] التي تعني ضمنيًا تقديم شهادة (عن حقّ يسوع المسيح).[5] وأخيرًا، تأتي كلمة [ديداسكو didasko]،[6] التي تعني "يُعلِّم" أو "يلقِّن" وتشير عادةً إلى ما كان يسوع يعلِّمه. من خلال هذه الكلمات الأربع، يمكن للمرء رؤية أن العهد الجديد مركزه المسيح.[7] وينبغي أن يكون المسيح مركزنا نحن أيضًا حين نصعد إلى المنبر لنعظ.

خامسًا، يساعدنا الوعظ التفسيريّ على تجنّب سوء تفسير النصّ، حين نعجز عن التوصُّل إلى ما يعلنه النصّ، أو نعطيه معنى أبعد من معناه الحقيقيّ، أو نحرِّفه تمامًا.[8] قد ينتهي بنا أيٌّ من هذه الأخطاء إلى الوعظ بأكاذيب بدلاً من الحقّ. لا يريد كلٌّ من الدارس الجادّ لكلمة الله والواعظ الجادّ بها أن يُخطِئا في أيٍّ من هذه الاتّجاهات. وقد حذَّر بولس تيموثاوس بهذه الكلمات: **"اجْتَهِدْ أَنْ تُقِيمَ نَفْسَكَ لله مُزَكّىً، عَاملاً لاَ يُخْزَى، مُفَصِّلاً كَلِمَةَ الْحَقِّ بِالاسْتِقَامَةِ"** (تيموثاوس الثانية ٢: ١٥). إنَّ تفصيل كلمة الله بالاستقامة يصون العامل فلا يُخزى كمُعلِّم أمام الله.

4 Joseph H. Thayer, *Thayer's Greek-English Lexicon of the New Testament* (Peabody: Hendrickson Publishers, 1996), s.v. "Euaggelizo."

5 Joseph H. Thayer, *Thayer's Greek-English Lexicon of the New Testament* (Peabody: Hendrickson Publishers, 1996), s.v. "Martureo."

6 Joseph H. Thayer, *Thayer's Greek-English Lexicon of the New Testament* (Peabody: Hendrickson Publishers, 1996), s.v. "didasko."

7 Adapted from Miguel Núñez, The Power Of God's Word To Transform A Nation: A Biblical and Historical Appeal to Latin American Pastors; doctoral thesis presented to the faculty of the Southern Baptist Theological Seminary, Nov. 11, 2014.

8 Ramesh Richard, *Preparing Expository Sermons* (Grand Rapids: Baker Books, 2005), 46.

أخيرًا، يُدرِّب الوعظ التفسيريّ المستمع على الاستماع التفسيريّ، حتَّى حين يسمع أنواعًا أخرى من الوعظ يكون مُجهَّزًا جيدًا لتمييز الخطأ. وهذه وظيفة حيويَّة لما يعنيه تعليم الرعيَّة ورعايتها.

الآن، بينما ننتقل إلى حديث ديڤيد عن "كيفيَّة" القيام بالوعظ التفسيريّ، لديَّ سؤال واحد فقط: مع كلِّ الفوائد التي يتميَّز بها الوعظ التفسيريّ، لماذا قد يرغب أيُّ شخص في الوعظ بطريقة مختلفة؟

مقدِّمة

العظام القديمة

يرقد جثمان ذلك الرجل العظيم في مدفن عائليّ أسفل الأرضيَّة الحجريَّة لكنيسة كليَّة الملك King's College Chapel في مدينة كامبريدج في إنكلترا، داخل المدخل الغربي مباشرة. وقد كُتِب على المدفن شيئان هما: "C.S" (أي الحروف الأولى من اسم تشارلز سيميون Charles Simeon)، والسنة التي تُوُفِّي فيها هذا الرجل وهي ١٨٣٦. وقد نُقِشَت كِلا العلامتين على الرصيف الحجري المملوء بالرَّصاص. إن أُتيحت لك الفرصة يومًا أن تقف هناك -مثلما فعلتُ أنا في رهبة- فاعْلَم أنَّ العظام القديمة التي ترقد تحت قدميك هي لرجلٍ أعاد الكتاب المقدس إلى مركز حياة الكنيسة في إنكلترا.

كان يومًا حزينًا من أيام شهر نوفمبر ١٨٣٦ عندما حضر جنازة تشارلز سيميون ما لا يقل عن ١٥٠٠ رجل يرتدون رداءً خاصًا بالمناسبة. جاء المودِّعون بأعداد غير مسبوقة ليعبِّروا عن احترامهم لهذا الراعي والواعظ.[١]

كان تشارلز سيميون عطيَّة من الله للشعب في جيله، كما أنَّه عطيَّة لجيلنا أيضًا. فحسُّه وبديهته الخاصَّة بالإنجيل صمدت في وجه الزمن.

---

١ من أجل المزيد من التفاصيل حول جنازة تشارلز سيميون وموضع دفنه، أُدين بالفضل لويليام كاروس.
William Carus, *Memoirs of the Life of the Rev. Charles Simeon* (London: Hatchard and Son, 1847), 582-83.

وهي ذاتها بإمكانها من جديد أن تترك أثرًا على الوعظ في عصرنا هذا، لأنّ وعظ سيميون اتّسم بشيء يفتقر إليه الكثير من وعظنا اليوم.

ما الذي نفتقر إليه؟ وكيف يمكننا الاستفادة منه؟

من المدهش أنّ الإجابات عن هذا السؤال بسيطة، وتَقودنا إلى جوهر ذلك الشيء الذي يُسمَّى الوعظ التفسيريّ. كانت قناعة ذلك الرجل العظيم بالكتاب المقدَّس هي مصدر تأثيره. كان تشارلز سيميون يؤمن بأنّ تفسير الكتاب المقدَّس ببساطة ووضوح هو ما يجعل الكنيسة تنعم بالصحَّة والسعادة. يقوم الشرح التفسيريّ الكتابيّ بالعمل المُضنِي لبناء الكنيسة وتقويتها. لم يتخلَّ تشارلز سيميون قطُّ عن هذا الإيمان الراسخ. على مدار أربع وخمسين سنة، ومن خلال خدمته الرعويَّة لكنيسة هولي ترينيتي في كامبريدج في إنكلترا، كرَّس سيميون نفسه بلا كلل لأولويَّة الوعظ. وأسبوعًا تلو الآخر، وسنة تلو الأخرى، وعِقدًا تلو الآخر، كان يقف أمام كنيسته مُعلنًا كلمة الله بوضوح، وببساطة، وبقوَّة. وقد عبَّر عن قناعته بالوعظ التفسيريّ على النحو التالي:

"أسعى جديًّا إلى أن أُخرِجَ من النصّ الكتابي ما هو موجود فيه بالفعل، لا ما أظن أنَّه موجود فيه. لديَّ غيرة شديدة على هذا الهدف؛ ولن أتكلَّم البتَّة أكثر ولا أقلُّ ممَّا أومن أنَّه فِكر الروح القدس في النصّ الذي أشرحه وأفسِّره".[٢]

رأى تشارلز سيميون أنَّ واجب الواعظ هو التقيُّد بالنص. لذا كان ملتزمًا بالبقاء على هذا المسار، ولم يَتَعَالَ قطُّ فوق النصِّ الكتابيِّ ليقول أكثر مما يعنيه النصُّ، ولم يتنازل البتَّة دون النَّص فيقلِّل من قوَّته أو كماله.

2 Handley Carr Glyn Moule, *Charles Simeon* (London: Methuen & Co., 1892), 97.

يفتقد الذين يتعاملون مع كلمة الله اليوم هذه القناعة؛ أي ضبط النفس بهذه الطريقة الناضجة. وبصراحة يُعدُّ ذلك سبب ضياع عدد كبير جدًّا من كنائسنا بما في ذلك تلك الكنائس التي لها عقيدة سليمة. إنَّ الكثير ممَّا نظن أنَّه وعظ كتابيٌّ سليم يخطئ الهدف بسبب عدم ضبط النفس. دعوني أكون أوَّل من يُقِرُّ بأنِّي لم أكن أمارس دومًا ذلك الانضباط؛ إذ لم أكن معتادًا ألاَّ أُخرِج من الكتاب المقدَّس غير ما هو موجود فيه بالفعل. أُصلِّي أن يستخدم الله هذا الكتاب الصغير، ضمن أشياء أخرى، ليعين أيَّ شخص يريد استكشاف الطرق التي بها يمكن لكلِّ معلِّم وواعظ بالكتاب المقدَّس اكتساب هذه القناعة من جديد.

لكن ليست قناعة سيميون وحدها هي التي تستحقُّ أن توضع في الاعتبار؛ فنحن نحتاج إلى استعادة أهداف سيميون في الوعظ. فقد نجح في وضع إطار مُحكم لأهدافه من الوعظ التفسيريّ على النحو التالي:

لجعل الخاطئ يتَّضع؛
لتمجيد المخلِّص؛
للتشجيع على القداسة.[3]

لا حاجة لتوضيح أكثر من ذلك، إذ ينبغي لهذه الأهداف أن ترشدنا اليوم. إن عالمنا، مثله في ذلك مثل عالم سيميون، يحتاج بشدة أن يعرف عمق الهوة التي سقطت فيها البشريَّة، ومدى العُلو الذي صعِد يسوع المسيح إليه، وما يطلبه الله من شعبه. إنَّ أفضل طريقة، بل الطريقة الوحيدة، لمساعدة هذا العالم هي التكلُّم بكلمة الله بقوَّة الروح القدس. كيف سنفعل ذلك؟ وما الطريقة؟

3 Charles Simeon, *Horae Homileticae* (Grand Rapids, MI: Zondervan, 1847), xxi.

نجد الإجابات في الوعظ التفسيريّ الذي هو الوعظ بقوَّة وسلطانٍ يُخضِع، باستقامة، بِنيَةَ العظة ومحور تركيزها لبِنيَة النصِّ الكتابيِّ ومحور تركيزه. وكما يقول سيميون، فإنَّه بهذه الطريقة يُخرج من النصِّ ما وضعه الروح القدس، ولا يضع في النصِّ ما يظن الواعظ أنَّه موجود فيه. إنَّ العمليَّة أكثر تعقيدًا من ذلك بقليل. وهذا ما سنتناوله في بقيَّة هذا الكتاب.

سنبدأ بالتفكير في الأخطاء التي يرتكبها العديد منا، تلك الأخطاء التي تَنتُج خصوصًا من محاولتنا لملاءمة العظة مع السياق الثقافيِّ للمستمعين. بعد ذلك سنتأمَّل في التحدِّيات ومتطلِّبات تفسير النصِّ وفهمه في ضوء الأسفار القانونيَّة الأخرى، ثم الوعظ به في سياقنا اليوم.

مع أنَّ هذا الكتاب يصلح أن يكون مقدِّمة للوعظ التفسيريّ، فإنِّي أرجو أن يجد الشخص الذي يعظ أو يُعلِّم الكتاب المقدَّس بالفعل في هذا الكتاب مقياسًا مفيدًا يفحص ما يعمله الآن. غالبًا، قُصِدَ من هذا الكتاب أن يعمل كسجلٍّ للمتابعة، أي كوسيلة لتعطيك الفرصة لتسأل نفسك: "حسنًا، هل هذا هو ما أعمله؟ هل حقًا لا أُخرِج من الكتاب المقدس سوى ما هو موجود بالفعل؟ هل أفعل ذلك بطرقٍ تُخضِع السامعين، وتُمجِّد المخلِّص، وتشجِّع على القداسة في حياة الحاضرين؟".

إنَّ مقتضيات الوعظ التفسيريّ وتحدِّياته كثيرة، وإحراز تقدُّم في قدرتنا على التعامل مع كلمة الله بأمانة لن يكون أمرًا سهلاً. لكنَّني على يقين بهذا: إن سمحَ الوعَّاظ وقادة الكنيسة اليوم لبساطة قناعة سيميون وأهدافه أن تتكلَّم إلينا ولو بعد موته، سيكون من الممكن استعادة عافية الكنيسة وسعادتها.

إذًا، لنبدأ.

١
المواءمة مع ثقافة المستمعين

تُعدُّ المواءمة مع ثقافة المستمعين ضروريَّة للشرح التفسيريّ الجيِّد. إنَّ المخطوطات التي لدينا من عظات القديس أغسطينوس تقود البعض إلى الإقرار بأنَّه أعدَّها جيدًا جدًّا.

> بالتالي عندما طرح أغسطينوس أفكارًا عن المجتمع مأخوذة مباشرة من الكتابات الكلاسيكيَّة الوثنيَّة، لا ينبغي أن نظنَّ أنَّه كان يفعل ذلك كفعل واعٍ لإثارة إعجاب الوثنيِّين بثقافته أو أنَّه كان يستَميلُهم إلى الكنيسة باقتباسه من كلام كتَّابهم المُفضَّلين. لقد فعل ذلك دون تفكير مثلما نفعل ذلك اليوم حين نقول إن الأرض كُرَويَّة. وقد قال أمورًا كثيرة كان عليه أن يقولها، بصفتها أمورًا منطقيَّة.[١]

أحبُّ ما يُعلِّمنا إيَّاه موقف أغسطينوس من المواءمة مع ثقافة المستمعين عن علاقته بالوعظ. كانت قدرته المذهلة على الاتِّصال بمستمعيه نتيجة لاهتمامه العامِّ بالحياة؛ ولم تكن نتيجة محسوبة جاءت من خلال جمعه عناصر من ثقافتهم على أمل أن يبدو أكثر صلة بهم. سيعالج هذا الفصل المشكلات التي تنشأ حين يستولي هذا النوع من المواءمة لثقافة المستمعين على الواعظ عند تحضيره العظة.

1 Peter Brown, *Through the Eye of a Needle* (Princeton, NJ: Princeton University Press, 2012), 54.

رأينا في المقدِّمة لمحة صغيرة عمَّا يجب أن يكون عليه الوعظ التفسيريّ. إنَّها محاولة لإخراج ما هو موجود بالفعل في النصّ الكتابيّ، وعدم إقحام ما لم يضعه الروح القدس في النصّ أبدًا، وفعل هذا بطرق تجعل المستمع يتَّضع بحق، وتمجِّد المخلِّص، وتشجِّع على القداسة في حياة الحاضرين. ومع أنَّنا لم نشرح بعد كيف يمكن للعظة أن تحقِّق كلّ هذا، فالأمر يستحقُّ أن نأخذ بعض الوقت هنا لنتأمَّل ببعض الطرق الشائعة التي يمكن بها لوعظنا أن يُخطئ الهدف.

مشكلةُ التَمَسُّكِ الأعمى

ما الذي أقصِده بمواءمة العظة لثقافة المستمعين؟[٢] هذه المواءمة الثقافيَّة تعني ببساطة أن نعمل على إيصال رسالة الإنجيل بطرقٍ مفهومة للمستمع أو ملائِمة لسياقِه الثقافيّ. إنَّها طريقة للتفكير في الوعظ بشكل يركِّز على المستمعين. بعبارة أخرى، تهتمُّ المواءمة الثقافيَّة بنا نحن والآن. إنَّها طريقة لوصف التزام الواعظ بأن يكون وعظه ذا صلة بالمستمع وقابلاً للتطبيق اليوم. ولهذا سأقدِّم المدخل البنائيّ لفهم الموضوع في الفصل الرابع.

---

٢ هذا الخطُّ المرسوم الذي يظهر طوال الكتاب هو مشاركتي في رسم بياني قام به منذ فترة من الزمن إدموند كلوني في كتاب "المسيح في كلّ الكتب" *Christ in All of Scripture* (Wheaton, IL: Crossway, 2003), 32. لقد بذلت جهدًا كبيرًا فيه كما يفعل الموسيقيُّون مع ترنيمة قديمة ويكتبون لها توزيعًا موسيقيًّا جديدًا.

مع ذلك، تتمثَّل واحدة من مشكلات الوعظ اليوم في الاهتمام الشديد بالمواءمة الثقافيَّة في غير محلِّها. يتعامل بعض الوعّاظ مع النصِّ الكتابيِّ بطريقة عشوائيَّة وفاترة عندما يرفعون من قيمة المواءمة الثقافيَّة كأنَّها فرع من فروع المعرفة المدروسة التي تركِّز بإفراط على المكاسب العمليَّة. وهذه هي مشكلة **التمسُّك الأعمى**. فبدافع الرغبة الصحيَّة التي يسعى بها الواعظ لتَقَدُّم إرساليَّة كنيسته إلى الأمام؛ لا يُركِّز في إعداده للعظة سوى على الطرق المبتكرة والفنيَّة حتَّى يستطيع أن يجعل عظته مُلائمة لمستمعيه وذات صلة بهم، فيعطيهم ما يريدونه. وبدلاً من البحث في النصِّ بمثابرة لإيصاله للمستمعين بطريقة مناسبة، تصبح العظة منساقةً حصريًّا لما يطلبه الجمهور. ويؤول الوضع إلى ما حذَّر بولسُ تيموثاوسَ منه: "لأَنَّهُ سَيَكُونُ وَقْتٌ لاَ يَحْتَمِلُونَ فِيهِ التَّعْلِيمَ الصَّحِيحَ، بَلْ حَسَبَ شَهَوَاتِهِمُ الْخَاصَّةِ يَجْمَعُونَ لَهُمْ مُعَلِّمِينَ مُسْتَحِكَّةً مَسَامِعُهُمْ، فَيَصْرِفُونَ مَسَامِعَهُمْ عَنِ الْحَقِّ، وَيَنْحَرِفُونَ إِلَى الْخُرَافَاتِ" (تيموثاوس الثانية ٤: ٣، ٤).

فكِّر بالأمر، يقضي بعض الوعّاظ المزيد من الوقت في القراءة والتأمُّل في سياقنا الثقافيِّ أكثر ممَّا يقضونه من وقتٍ للتأمُّل في كلمة **الله**. ونتورَّط في الوعظ عن عالمنا أو مدينتنا محاولين أن نكون أكثر صلة بالمستمعين. نتيجة لذلك، نقبل تقديم انطباعات سطحيَّة عن النصِّ، وننسى أنَّ النصَّ الكتابيَّ هو كلمة **الله** ذات الصلة بالمستمع. لذلك، يستحقُّ منَّا بذل قصارى جهدنا في التأمُّل فيه وشرحه.

بعبارة أخرى، يخطئ الواعظُ حتمًا الهدفَ الخاصَّ بالشرح الكتابيِّ إن سَمَحَ للسياق الثقافيِّ الخاصّ بمستمعيه الذين يريد أن يربحهم للمسيح بأن يتحكَّم في كلمة **الله** التي يعظ بها عن المسيح. وكما قُلت في المقدمة، هذا هو سبب خراب الكثير من كنائسنا. يعتقد الكثيرون منَّا دون وعي

أنَّ فهمهم الجيد لبيئتنا الثقافيَّة، وليس الكتاب المقدَّس، هو المفتاح للوعظ بقوَّة.

يُغيِّر التمسُّك الأعمى بالمواءمة الثقافيَّة (أي الاستخدام غير الصحيح للمواءمة الثقافيَّة) وعظنا بثلاث طرق على الأقل. ولا يمثِّل أيٌّ منها تغييرًا للأفضل. أوَّلاً، يُفسد التمسُّك الأعمى بالمواءمة الثقافيَّة منظورنا للدراسة، في أثناء تحضير العظة، حيث ينشغل الواعظ بالعالم بدلاً من كلمة **الله**. ويقود ذلك إلى **الوعظ الانطباعيّ**. ثانيًا، هو يُغيِّر استخدامنا للعظة؛ حيث تصبح كلمة **الله** مدعِّمة لخططنا وأهدافنا التي أفقدتنا صوابنا، بدلاً من أن تدعِّم خطط **الله** وأهدافه. وهذا هو الوعظ المترنِّح (المشوَّش/ المرتبك/ الفاقد التمييز بين الأشياء). وأخيرًا، الاستخدام الخاطئ للمواءمة الثقافيَّة يغيِّر فهمنا للسلطة، حيث تصبح قراءة الواعظ التعبديَّة "الطازجة" و"المنقادة بالروح" هي نقطة الحقِّ الفاصلة والباتة. وأُطلق على ذلك **الوعظ "الموحَى به"**.

لنلقِ الآن نظرة عن كثب على كلٍّ واحدة من هذه الطرق. وأعتقد أننا سنجد أنَّ بعضًا مما نعتقد أنه وعظ تفسيريّ يخطئ بالفعل في إصابة الهدف.

الوعظ الانطباعيّ

في عام ١٨٥٠م، كان الأسلوب الفنيّ السائد هو المدرسة **الواقعيَّة** Realism. كانت هذه الحركة تهدف إلى وصف ما كان يراه الفنان بالفعل، على أقرب نحو ممكن. كان تصويرًا أقرب إلى التقاط صورة فوتوغرافيَّة. حاول أتباع هذه الحركة تصوير الأشياء بطريقة تعكس الواقع بحقٍّ. كان **كلود مونيه** Claude Monet **وبيير أوجست رينوار** Pierre Auguste

Renoir طالبَين شابَين تدرَّبا على الواقعيَّة. وقد نشأت بينهما صداقة، وبدآ، وآخرين معهما، في الرسم معًا. كان هذا الجيل الشاب يميل إلى استخدام ألوان أكثر لمعانًا ممَّا اعتاد عليه معلموهم الواقعيُّون، وكانوا يُفضِّلون رسم الحياة المعاصرة على المناظر التاريخيَّة أو الأسطوريَّة، وتخلَّوا عمدًا عن رومانسيَّة الأجيال السابقة أيضًا.

بدأت نقطة التحوُّل لمساعدة هؤلاء الفنانين الشباب وتعريف أنفسهم كجماعة فنيَّة عام ١٨٦٣ في "**معرض باريس** Salon de Paris" وهو معرض ومسابقة فنيَّة. رفض المُحَكِّمون عددًا كبيرًا جدًّا من قطعهم الفنيَّة، حتَّى عُقِد لاحقًا معرض آخر بديل بعنوان "**معرض المرفوضات** Salon des Refusés"[٣] وخلال السنوات العشر التالية، راح الفنَّانون الشُبَّان يلتمسون إقامة معارض بديلة مستمرَّة لأساليبهم الفنيَّة الجديدة في الرسم، غير أنَّهم لَقَوا الرفض على نحو منهجيّ.

في عام ١٨٧٣، شكّل مونيه، ورينوار، وكثيرين آخرين جمعيَّة تعاونيَّة للفنَّانين غير المعروفين لعرض أعمالهم بطريقة مستقلَّة. وأقيم أوَّل معرض عام لهذه المجموعة الجديدة في نيسان/ أبريل ١٨٧٤م في باريس. ولكنَّ أسلوبهم تغيَّر أكثر. بدأ رينوار بتجربة **تغيير واقع** ما كان يراه، وهو ابتعاد ملحوظ عن الواقعيَّة. أما مونيه فقد بدأ يرسم بالفرشاة بطلاقة. وقد أعطى هذا شكلاً فنيًا عامًّا لما رآه بدلاً من الأداء الدقيق، الذي كان لا يزال الجيلُ الأقدم يفضله. وعلى سبيل المثال، فإنَّ لوحة مثل "الانطباع وشروق الشمس" تصف منظر ميناء لوهافْر عند شروق الشمس. وإدراك مونيه أنَّ اللوحة ليست منظرًا واقعيًا للميناء جعله يضيف كلمة "انطباع" إلى عنوان اللوحة حين سُئل عن اسم هذه اللوحة. وقد استخدم أحد النقَّاد هذا العنوان

3 Bernard Denvir, *The Thames and Hudson Encyclopaedia of Impressionism* (London: Thames and Hudson, 1990).

لاحقًا للسخرية من الفنَّانين، حيث أطلق عليهم "الانطباعيُّون". فقد كانت حركة جديدة ومتميزة من حيث الفنِّ الذي قدَّمته ومن حيث الفنَّانين أيضًا.

أحد الابتكارات الأكثر جرأة لهذه الجماعة هو استخدامها الضوء. على سبيل المثال، تصوِّر لوحة رينوار بعنوان "الرقص في مولان دو لاجاليت Dance at Moulin de la Galette" التي رسمها سنة ١٨٧٦ حفلاً راقصًا في حديقة تابعة لمقاطعة مونتمارتري في باريس. وفي اللوحة استخدم رينوار اللون الأبيض في الأرضيَّة أو أعلى سترة زرقاء ليشير إلى شروق الشمس هناك. ويبالغ تغييرُ الضوء في التفاصيل، ويُحرّف ما كان يراه الفنَّان بالفعل.

تأخذ الطريقة الانطباعيَّة ما تراه العين وتفسِّره، وتبالغ في تصويره، وتتجاهل أجزاء منه، وتشوِّهه في النهاية.

الآن فكِّر في ما تفعله حين تجلس لتحضير عظة؛ حيث تفتح كتابك المقدس؛ ولا يتوفَّر لك الكثير من الوقت. ربَّما لديك اجتماع أو اثنين هذا المساء. وربَّما لديك عائلة أو موعد مع أحد الخدَّام لترشده. وبلا ريب أنت مشغول للغاية بمهامّ كثيرة جدًّا تخصُّ عملَكَ الرعويّ، لكنَّك تحتاج أن تقول شيئًا في يوم الأحد. لذلك تبدأ سريعًا في قراءة النصِّ الكتابيّ، وتُدوِّن بعض الملاحظات على الحاسوب بالطريقة التي يتفاعل بها الفنَّان مع لوحته: ضربات سريعة بالفرشاة، وربطٌ مشبَّع بالألوان بين كلمة **الله** والعالم كما تعرفه أنت.

تبحث عن أشياء تعرف أنها ستترك **انطباعًا** فوريًا على مستمعيك. فتبدأ بالاستمتاع بهذه التلهية الوقتيَّة. المهمَّة ليست صعبة؛ وسرعان ما تبرز الفكرة الرئيسيَّة. لقد استخدمت المواءمة الثقافيَّة جيدًا حتَّى الآن، ومثلك في ذلك مثل جماعة المؤمنين في كنيستك يوم الأحد، فأنت لست شغوفًا بدرجة كبيرة بالمعلومات والخلفيات التاريخيَّة. وفي الواقع، من

أسباب حصولك على هذا المنصب هو أنَّهم انبهروا ببراعتك في إلقاء عظات مثيرة للانتباه باستخدام واقعيَّة مشاهد الكتاب المقدَّس القديمة التي يتعذَّر فهمها. ولكن الدراسة التفصيليَّة للنصِّ لا تشكِّل أولويَّة الآن.

ستركِّز عظة هذا الأسبوع، مثل عظة الأسبوع الماضي، على الانطباعات الملائمة للمستمعين التي تستخلصها من النصِّ الكتابي. تبدو التطبيقات بارزة بالفعل وواضحة كأشعَّة الضوء أمامك لتوزِّعها على الرعيَّة بألوان قويَّة ومبهرة. ثم تلقي نظرة سريعة إلى ساعتك لتتبيَّن الوقت، لتجد أنَّك تعمل منذ ربع ساعة. هذا هو الوعظ الانطباعيّ.

إنَّه يحدث كثيرًا. وفي الواقع، قد يكون هو المشكلة الأكبر التي تواجه الوعَّاظ اليوم. إن الوعظ الانطباعيّ لا تُقيِّدُهُ واقعيَّة النَّص؛ حيث يتجاهل الإطار التاريخيّ، والأدبيّ، واللاهوتيّ للنصّ، ويتجاوز في غضون دقائق العديد من الأدوات التفسيريَّة التي صَرَفْتَ وقتًا ليس بقليل في وضعها. وفي حين ينظر الرسَّام الواقعيّ إلى موضوع اللوحة عشر مرات قبل أن يضرب بفرشاته ضربة واحدة، ينظر الانطباعيّ إلى النصِّ الكتابي مرة واحدة ويضرب بفرشاته عشر مرات على لوحة التجربة البشريَّة. هكذا يفعل الواعظ الانطباعيّ أيضًا.

لا ريب في أن الوعظ الانطباعي أسهل وأسرع؛ فهو الأكثر منطقيَّة لجدول أعمالك المزدحم. غير أنَّك بحاجة إلى معرفة أنَّ ذلك يعني في نهاية المطاف أنَّك تتصرَّف مع النصّ الكتابيّ كما يحلو لك.

دعونا نرى هذا المثال. تخيَّل أنَّ عليك تحضير عظة لاجتماع "الآباء الشبَّان (الأُسر الحديثة)" في الكنيسة. فقرَّرت أن تتحدَّث من صموئيل الأوَّل ٢: ١٢ – ٢١. اصرف وقتًا لتقرأ هذا النصّ الآن:

"وَكَانَ بَنُو عَالِي بَنِي بَلِيَّعَالَ، لَمْ يَعْرِفُوا الرَّبَّ. وَلاَ حَقَّ الْكَهَنَةِ مِنَ الشَّعْبِ. كُلَّمَا ذَبَحَ رَجُلٌ ذَبِيحَةً يَجِيءُ غُلاَمُ الْكَاهِنِ عِنْدَ طَبْخِ اللَّحْمِ، وَمِنْشَالٌ ذُو ثَلاَثَةِ أَسْنَانٍ بِيَدِهِ. فَيَضْرِبُ فِي الْمِرْحَضَةِ أَوِ الْمِرْجَلِ أَوِ الْمِقْلَى أَوِ الْقِدْرِ –كُلُّ مَا يَصْعَدُ بِهِ الْمِنْشَلُ يَأْخُذُهُ الْكَاهِنُ لِنَفْسِهِ. هَكَذَا كَانُوا يَفْعَلُونَ بِجَمِيعِ إِسْرَائِيلَ الآتِينَ إِلَى هُنَاكَ فِي شِيلُوهَ. كَذلِكَ قَبْلَ مَا يُحْرِقُونَ الشَّحْمَ يَأْتِي غُلاَمُ الْكَاهِنِ وَيَقُولُ لِلرَّجُلِ الذَّابِحِ: "أَعْطِ لَحْمًا لِيُشْوَى لِلْكَاهِنِ، فَإِنَّهُ لاَ يَأْخُذُ مِنْكَ لَحْمًا مَطْبُوخًا بَلْ نَيْئًا". فَيَقُولُ لَهُ الرَّجُلُ: "لِيُحْرِقُوا أَوَّلاً الشَّحْمَ، ثُمَّ خُذْ مَا تَشْتَهِيهِ نَفْسُكَ". فَيَقُولُ لَهُ: "لاَ، بَلِ الآنَ تُعْطِي وَإِلَّا فَآخُذُ غَصْبًا". فَكَانَتْ خَطِيَّةُ الْغِلْمَانِ عَظِيمَةً جِدًّا أَمَامَ الرَّبِّ، لأَنَّ النَّاسَ اسْتَهَانُوا بِتَقْدِمَةِ الرَّبِّ. وَكَانَ صَمُوئِيلُ يَخْدِمُ أَمَامَ الرَّبِّ وَهُوَ صَبِيٌّ مُتَمَنْطِقٌ بِأَفُودٍ مِنْ كَتَّانٍ. وَعَمِلَتْ لَهُ أُمُّهُ جُبَّةً صَغِيرَةً وَأَصْعَدَتْهَا لَهُ مِنْ سَنَةٍ إِلَى سَنَةٍ عِنْدَ صُعُودِهَا مَعَ رَجُلِهَا لِذَبْحِ الذَّبِيحَةِ السَّنَوِيَّةِ. وَبَارَكَ عَالِي أَلْقَانَةَ وَامْرَأَتَهُ وَقَالَ: "يَجْعَلْ لَكَ الرَّبُّ نَسْلاً مِنْ هذِهِ الْمَرْأَةِ بَدَلَ الْعَارِيَّةِ الَّتِي أَعَارَتْ لِلرَّبِّ". وَذَهَبَا إِلَى مَكَانِهِمَا. وَلَمَّا افْتَقَدَ الرَّبُّ حَنَّةَ حَبِلَتْ وَوَلَدَتْ ثَلاَثَةَ بَنِينَ وَبِنْتَيْنِ. وَكَبِرَ الصَّبِيُّ صَمُوئِيلُ عِنْدَ الرَّبِّ."

عند قراءتك الأولى للنصّ، تبرز ثلاثة أشياء:

١. يُعرِّفك النصُّ على مجموعتين من الآباء والأولاد: عالي وأولاده عديمي الفائدة، وحَنَّة وصغيرها صموئيل، الذي يخدم الله.

٢. يثير اندهاشك التباين بينهما. تشبه قصَّة عالي دليلاً إرشاديًا لسوء التربية، بينما يثمر نموذج حنَّة عن نتائج أفضل.

٣. ثم تستنتج تطبيقَيْن لهذا النص: الأوَّل، أنَّ الآباء السيِّئين يسمحون لأولادهم بأن يفرطوا في تناول الطعام، بينما الآباء الجيدون لا يفعلون ذلك. يا له من أمر مُنفِّر أن يلتهم أولاد عالي الذبائح بهذه الطريقة! والثاني، أنَّ الآباء السيئين لا يستفيدون

من بيئة الكنيسة لتشجيع أولادهم على التقوى، بينما الآباء الجيدون حاضرون دائمًا ومستعدُّون. كم كان رائعًا أن تأتيَ حَنَّة بصموئيل إلى الكنيسة كلَّما فتحت الكنيسة أبوابها!

هكذا، أصبح لديك مخطَّط تمهيديّ للعظة، والأهمُّ أنَّك تعرف أنَّ كلامك سيلقى صدى وآذانًا صاغية لدى الآباء الشبَّان في كنيستك. يمكنك الآن أن تتكلَّم عن الظروف الصحيَّة للأطفال. ولن يكون صعبًا عليك أن تُكيِّف مبادئ مشابهة تنطبق على صحَّة حالتهم الروحيَّة أيضًا.

ثم تلقي عظتك، وفجأة يتمُّ إطلاق برامج جديدة لخدمة الأطفال بسبب هذه العظة. يا له من شيء عظيم أن يتكلَّم الناس عن التربية المسيحيَّة.

هذا النوع من الوعظ الانطباعيّ يُنمِّي الكنائس. ولا عجب حقيقة في أنَّنا لا نصرف وقتًا في العمل والاجتهاد في تحضير عظاتنا؛ فنحن لسنا بحاجة إلى ذلك. يمكننا أن نفعل ذلك بسرعة كبيرة والأمر يفلح. إنه يكاد يكون وعظًا ارتجاليًّا.

ثم نفقد مرة أخرى غنى كلمة **الله**، إذ نفقد الفكرة الرئيسيَّة للنصّ. لو قرأنا النصّ بضع مرَّات أخرى، لأدركنا أن الاهتمام الأساسي لنصّ صموئيل الأوَّل ٢: ١٢ – ٢١ ليس تربيةَ الأطفال على الإطلاق، بل قداسةَ **الله**. هذا صحيح، النصُّ يتعلَّق بـ**الله**، وكيف تتسبَّب القيادة السيئة لشعب **الله** في جلب الاستهزاء على **الله** نفسه. المشكلة في النصّ هي أنَّ **الله** لا يُعبَد على النحو اللائق به. وإن واصلنا التعمُّق داخل السِّفْر سندرك وجود فكرة الاستبدال في عائلة **الله**. يأتي النصّ في هذه اللحظة المحدَّدة في صموئيل لأنَّه هو البديل لأولاد عالي، ليقود هو عبادة **الله** بما يتماشى مع كلمة **الله**. لا يمكن **لله** أن ينجزَ عملَهُ لأنَّ كلمته تمَّ تعطيلها. ومع ذلك، وإن بدا الوضع ميؤوسًا منه، فـ**الله** سيقيم رجلاً آخر وكاهنًا ليقود الشعب.

هل يعني هذا أنَّنا لا نستطيع أن نعظ من هذا النصّ عن تربية الأطفال؟ ليس بالضرورة. لكنَّه يعني أنه يجب ألا تغيب عنا الفكرة الرئيسيَّة للنصّ الكتابيّ. يجب ألا تطغى التطبيقات الممكنة على الفكرة الرئيسيَّة للنصّ. ومع أنَّه يمكننا قول أشياء حقيقيَّة من الكتاب المقدَّس عن تربية الأطفال من النصّ، إلاَّ أنَّه ينبغي فعل ذلك بطريقة تخضع باحترام لما يريد النصّ أن يؤكِّدَهُ. وهذا هو الفرق والتحدِّي. نقرأ هذه القصص وينتهي بنا الأمر إلى فقدان المضمون الذي يشدِّد عليه الروح القدس، حيث نقلِّل من قدر كلمة الله إلى ما لا يزيد عن كونها مجرَّد مبادئ لحياة التقوى. في المثال الوارد في صموئيل الأوَّل، انتهى بنا الأمر إلى إغفال المسيح تمامًا بصفته البديل للكهنوت الفاشل. فقد أهملنا يسوع المسيح لصالح المدرسة الانطباعيَّة. وأصبح لدينا مكانه آباء ملتزمون بمبادئ أخلاقيَّة أكثر من الرسالة المسيحيَّة.

يزدهر هذا النوع من الوعظ الانطباعيّ حين تكون "هُمُومُ هذَا الْعَالَمِ" (مرقس ٤: ١٩) العمليَّة هي الأكثر ظهورًا على السطح. وسواء كان ذلك في بيئة مجتمعات الأعمال التي تهتم بالنتائج، أو بيئة الثقافات التي تُقدِّس العمل كدول شرق آسيا، أو في مجتمعات نامية (كأولئك الذين يخدمهم فريقي في جنوب آسيا)، نجد أنَّ الوعظ الانطباعيّ غالبًا ما يكون نتيجة وقوع ضغوط براغماتيَّة (نفعيَّة) على المسؤولين عن الوعظ. وأنا أنظر لهم بعين العطف.

من المهمِّ أيضًا ملاحظة أن الوعظ الانطباعيّ ليس هو المشكلة. إنه نتيجة طبيعيَّة للتمسُّك الأعمى بالمواءمة الثقافيَّة وكيف يحتكر هذا التمسُّك وقتنا. نحتاج إلى تذكُّر القناعة التي أسرت تشارلز سيميون في دراسته للكتاب حتَّى يُخرِج من الكتاب ما هو موجود به. من السهل أن تترك الطريقة الانطباعيَّة تهيمن على دراستك للكتاب وتحضيرك للعظات؛

خصوصًا إن كنتَ بطبيعتك لطيفًا (أي أنيقًا أو عصريًّا)، أو تحاول أن تكون كذلك، فهذه الطريقة يمكن أن تصبح كإدمان الكوكايين الذي تتعاطاه في الخفاء. وإن كنتَ قد لَقيتَ نجاحًا قليلاً مع هذه الطريقة، يمكنك أن تبدأ في الظنِّ بأنَّك مفسِّرٌ للكتاب. لكنَّ شرح الكتاب المقدَّس شرحًا تفسيريًّا يتطلَّب طريقة مختلفة للدراسة كما سنرى في الفصول القادمة.

الوعظ المُتَرنِّح (المشوَّش)

دعونا نترك الدراسة ونفكِّر في الطريقة التي نستخدم بها الكتاب المقدَّس في العظات. عبَّرَ الشاعر الإسكتلنديّ أندرو لانغ Andrew Lang ذات مرَّة عن رأيه ساخرًا من السياسيِّين في عصره متَّهمًا إياهم ببراعة في أبياته بالتلاعب بالإحصائيات.[٤] ومع تغيير طفيف في اللغة، يمكن لهذه العبارات الساخرة أن تطلَق على العديد من معلّمي الكتاب المقدَّس اليوم: "بعض الوعَّاظ يستخدمون الكتاب المقدَّس تمامًا كما يستخدم السِّكير عمود الإنارة. فهو يستخدمه ليتَّكئ عليه أكثر ممَّا يستخدمه ليستنير به".

٤ مصدر قصَّة أندرو لانغ واقتباسه غير مؤكَّد، بالرغم من كونه اقتباسًا واسع الانتشار والاستخدام مثل إليزابيث نولز، قاموس أوكسفورد للاقتباسات.
The Oxford Dictionary of Quotations, 7th ed. (Oxford: Oxford University Press, 2009), 478:12.

هذا هو الواعظ المترنِّح أو السكران. أفترض أنّي لست بحاجة إلى إخبارك بأنَّه لا ينبغي لك أن تصبح واحدًا منهم. في الحقيقة كان العديد منَّا كذلك دون أن يعلموا.

دعوني أشرح. في تلك الأيام حين استخدمنا الكتاب المقدَّس لدعم ما أردنا قوله بدلاً من أن نقول ما قصد الله أن يقوله في الكتاب المقدس، كنّا مثل رجلٍ مخمور يستند بجسده المترنِّح إلى عمود الإنارة، حيث يستعين به للوقوف منتصبًا أكثر من الاستعانة به للاستنارة. أما الوقفة الأفضل للواعظ فهي أن يقف تحت نور النصّ الكتابيّ مباشرة. ذلك لأنَّ الكتاب المقدَّس هو كلام الروح القدس وليس وعظنا (العبرانيين ٣: ٧؛ يوحنَّا ٦: ٣٦).

لعلَّ أوضح الأمثلة على هذه النزعة وأكثرها إضرارًا، هو الإنجيل المزيَّف المدعوّ **إنجيل الرخاء**. في أثناء رحلاتي المتكرِّرة إلى كينيا، وكما سمعت مرارًا وتكرارًا عن بقيَّة بلدان أفريقيا، يقف الوعَّاظ في جميع أنحاء جنوبَيّ القارة الأفريقيَّة ويشيرون إلى الكتاب المقدَّس، ويُغالون في وعودهم بالصحَّة والثروة في هذه الحياة، وهي وعودٌ، ببساطة، لم يقطعها الكتاب المقدَّس. قد يخدم ذلك أهداف الواعظ، غير أنه يفتقد للحقِّ الكتابيّ.

من واقع عشرات السنين من الخبرة في الخدمة الرعويَّة، أستطيع أن أتذكَّر العديد من المرَّات التي كنت فيها واعظًا مترنِّحًا. فكنت ألجأ للكتاب المقدَّس لأدعم به ما كنت أظن أنه يستحق أن يقال. فصار ذلك من الأدوات النافعة لي. ساعدني الكتاب المقدس على إنجاز ما كان في فكري. لكن في مرَّات كثيرة، غابت عنِّي حقيقة أنَّه من المفترض أن أكون أنا الأداة، أن أكون أنا الشخص الذي يستخدمه الله من أجل قصده الإلهيّ. إنَّ واجبي هو أن أنادي بالنور الذي يريد الله أن ينشره في كلِّ الاتِّجاهات من خلال النصِّ الكتابيّ.

ما حدث لي في الماضي يمكن أن يحدث لأيٍّ واحد منَّا. نستخدم

الكتاب المقدَّس بطرق متعدِّدة كما يركن السكران إلى عمود الإنارة. لعلَّ لديك آراء عقائديَّة قويَّة إلى أبعد حدٍّ، ولكن قد تصبح هذه الآراء هي الفكرة لكلِّ عظة تلقيها، بغضِّ النظر عن الرسالة التي يريد النصّ توصيلها. ولعلَّك تُخرج استنتاجات سياسيَّة أو اجتماعيَّة أو علاجيَّة بغضِّ النظر عن فكر الروح القدس من النصّ. في جوهر الأمر، إنَّ نزعتنا إلى الوعظ المترنِّح على حساب الوعظ التفسيريّ تنبع من شيء واحد: إنَّنا نضيف على النصّ الكتابيّ أهواءنا، وخططنا، ووجهات نظرنا المتمسِّكين بها بعمق. وعندما نفعل ذلك، يصير الكتاب المقدَّس مجرَّد دعامة نسند عليها ما نريد قوله.

دعوني أقدم مثالاً شخصيًّا عن مدى السرعة التي يمكن أن يحدث بها هذا. منذ سنوات عديدة، كنت أعظ من رسالة كورنثوس الثانية. وعندما وصلت إلى الأصحاحين الثامن والتاسع، قرَّرت أن أقفز وأتخطاهما إلى الأصحاح العاشر وما بعده. وكان غرضي في فعل هذا بسيطًا، إذ كنت أريد أن أحتفظ بالأصحاحين الثامن والتاسع لوقت لاحق لربطهما بحياة كنيستنا. فهذان الأصحاحان يتعلَّقان بموضوع المال، أليس كذلك؟ فقلت في نفسي: "سيأتي الشيوخ إليَّ في وقت ما ويطلبون منِّي أن ألقي عظة عن الوكالة". حينذاك، كانت كنيستنا على ما يرام من الناحية الماليَّة، فكان من المعقول أن أدَّخر هذا النصّ لوقت نحتاج فيه إلى دَفعة ماليَّة لنحافظ على قدرة الكنيسة على سداد التزاماتها الماليَّة. لذا، تخطَّيْتُ الأصحاحين ٨، و٩، وهذا أمر نادر الحدوث بالنسبة إليّ كواعظ ملتزم بصرامة أن يعظ بالترتيب.

كما هو متوقَّع، جاء ذلك الوقت. فَرُحتُ أفتح كورنثوس الثانية ٨، و٩ لتحضير عظة عن أهميَّة العطاء بسخاء. والآن، من المهمِّ أن تعرفوا أنَّني قبل أن أدخل إلى الدراسة، كانت لديَّ فكرة واضحة عما سأقوله في عظتي.

كنت عازمًا على تركيز كلّ تعليقاتي على الآيات الثلاث التي تسلّط الضوء على المُعطي المسرور:

في ما يلي الفكرة:

"هَذَا وَإِنَّ مَنْ يَزْرَعُ بِالشُّحِّ فَبِالشُّحِّ أَيْضًا يَحْصُدُ، وَمَنْ يَزْرَعُ بِالْبَرَكَاتِ فَبِالْبَرَكَاتِ أَيْضًا يَحْصُدُ. كُلُّ وَاحِدٍ كَمَا يَنْوِي بِقَلْبِهِ، لَيْسَ عَنْ حُزْنٍ أَوِ اضْطِرَارٍ. لأَنَّ الْمُعْطِيَ الْمَسْرُورَ يُحِبُّهُ اللهُ. وَاللهُ قَادِرٌ أَنْ يَزِيدَكُمْ كُلَّ نِعْمَةٍ، لِكَيْ تَكُونُوا وَلَكُمْ كُلُّ اكْتِفَاءٍ كُلَّ حِينٍ فِي كُلِّ شَيْءٍ، تَزْدَادُونَ فِي كُلِّ عَمَلٍ صَالِحٍ". كَمَا هُوَ مَكْتُوبٌ: فَرَّقَ. أَعْطَى الْمَسَاكِينَ. بِرُّهُ يَبْقَى إِلَى الأَبَدِ" (كورنثوس الثانية ٩: ٦– ٩).

أوّلاً، سأفتتح النصّ بالاتّجاه القلبيّ الذي يريد الله لنا أن نتّخذه من ناحية المال. تقول الآية ٦ إنّ العطاء بسخاء يعني الحصاد بسخاء. (أعجبني البدء بالاتّجاه القلبيّ لأنّ ذلك يربط مقدّمتي بالتطبيق "أعطوا!"). في النهاية، تقول الآية ٧ إنّ الله يحبّ المعطي المسرور. والدافع للعطاء (الله سيعطيك في المقابل) سيكون هو فكرتي التالية. وتقول الآية ٨: "وَاللهُ قَادِرٌ أَنْ يَزِيدَكُمْ كُلَّ نِعْمَةٍ". وأخيرًا، سأقتبس من سفر المزامير، لأُبيِّنَ الحافز الإلهي على السخاء في العطاء، إذ إنّ الآية ٩ تشير إلى أنّ الله نفسه "يُوَزِّع مجانًا". وسيبدو مُخطّط العظة على النحو التالي:

١. (كورنثوس الثانية ٩: ٦ – ٧): "أعطوا الله" (هذا هو الاتّجاه القلبيّ الذي يريده منا).

٢. (كورنثوس الثانية ٩: ٨): "احصلوا على عطايا جيدة من الله" (هذا يثير لدينا الدافع).

٣. (كورنثوس الثانية ٩: ٩): "العطاء هو طريقة لتَشَبُّهِنا بالله" (هكذا يقول لنا العهد القديم).

مع أنِّي لم أصغ طويلاً للنصّ، كنت أعرف أنَّ لديَّ عظة سيكون من السهل الاستماع إليها. وكنت على وشك إلقاء تلك العظة العمليَّة المثيرة للمشاعر. وكنت أعلم أنَّ شعب الكنيسة بحاجة إليها، وأنَّ الكتاب المقدَّس يدعم فكرتي.

لكنَّ شيئًا مثيرًا قد حدث. قبل يوم الأحد، وقبل أن أشغِّلَ محرِّك الوعظ، بدأتُ أدرسُ خلفيَّة هذه الأصحاحات. وكم صدمني ما اكتشفته، وزعزع أساسات كلّ ما خطَّطت أن أقوله! من كورنثوس الأولى ١٦: ١- ٤ وأعمال الرسل ١١: ٢٧- ٣٠، تعلَّمت أنَّ الآيات التي كنت قد اخترتها لها علاقة بمجاعة حدثت واحتياج شديد عانت منه كنائس معيَّنة. ولم يكن تفسير النصّ البهيج الذي استخدمته هو العطاء بانتظام لصالح ميزانيَّة الكنيسة المحليَّة، بل كان عن جمع إعانة ماليَّة لإغاثة بعض الكنائس المملوءة بالمؤمنين اليهود في أماكن مختلفة في العالم، لتُخفِّفَ عنهم الآثار السلبيَّة للمجاعة.

لو كان ذلك ليس سيئًا بما يكفي، فقد وجدت شيئًا آخر؛ حيث عرفتُ من كورنثوس الثانية ١١: ٥، و١٢: ١١، أنَّ الجدال الأساسيّ في الرسالة كان حول ما يبدو أنه خدمة بولس الضعيفة بالمقارنة مع الخدمة الفائقة الخاصّة بالرسل، الذين كانوا يمتلكون ذلك النوع من القوَّة الذي كان موضع احترام جماعة المؤمنين في كورنثوس. لم يكن بولس فصيحًا في الكلام (١١: ٦)، وجاءهم باتِّضاع (١١: ٧)، وكان دائمًا في احتياج (١١: ٩)، ولم يكن لديه موارد ماليَّة (١٢: ١٤، ١٥). كان هذا هو سياق الأصحاحات المخصَّصة للحديث عن التقدمة الماليَّة. ومن ثَم اتضح لي الأمر! كانت هذه التقدمة بمثابة امتحان! فإن أعطى أهل كورنثوس بسخاء، فهذا يبرهن أنهم اتَّحدوا مع "ضَعْف" أولئك الذين كانوا في احتياج، وكانوا مستعدِّين

أن يَسُدُّوا احتياجات أولئك الضعفاء. ولكن، إن أعطوا ببُخل لصندوق الإغاثة من المجاعة، فهذا يبرهن أنَّهم لم ينحازوا سوى إلى فئة الأغنياء. وأدركت فجأة أنِّي كنت في خطر حقيقيّ بإساءة فهم رسالة كورنثوس الثانية كلها!

ثم انهار كلُّ شيء. عندما نظرت إلى المزمور المقتبَس في كورنثوس الثانية ٩: ٩، الذي كنت أظنُّه يُعلِّمنا أنَّ العطاء بسخاء يعني أنَّنا نتشبَّه بالله، وجدت بدلاً من ذلك، أنَّه يبرهن أنَّنا مثل "الرجل البار المتَّقي الربّ". لم تكن فكرة بولس أنَّ أهل كورنثوس يجب أن يعطوا بسخاء لكي يتشبَّهوا بالله، بل أنَّ العطاء بسخاء هو الصفة المعتادة التي تميِّز مَن يتبعون الله.

تيقَّنت عند هذه النقطة أنِّي في مشكلة. مع أني صمَّمت مخطَّطًا بارعًا من الكتاب المقدَّس يحقِّق أهدافي بالحديث عن عجز ميزانيَّة الكنيسة، لم أكن أفعل شيئًا سوى أنِّي أستند إلى الكتاب المقدَّس بالطريقة التي يستخدمها السكران للاتِّكاء على عمود الإنارة، وليس للاستنارة به.

كانت الأسئلة المتبقية التي ينبغي أن أجيب عنها هي: "من الذي يجب أن يكون الملك؟ أنا أم النصُّ الكتابي؟ هل سأملك على الكلمة هذا الأسبوع أم ستملك عليَّ؟ هل أعتمد على الكتاب المقدَّس لتحقيق أغراضي وخططي، أم أقف تحته مستنيرًا بنور الروح القدس، ومعطيًا المجال لهذا النور بأن يَعرِفَ طريقه إلى السامعين من شعب كنيستي؟".

في التحليل النهائيّ، نجحَت معي القناعة التي جعلت تشارلز سيميون يمارس بنضج ذلك الانضباط. "إن غيرتي الشديدة بشأن هذا الموضوع، تجعلني لا أتكلم بأكثر ولا بأقل مما أومن أنه فكر الروح القدس في النصّ الذي أقوم بتفسيره".[٥]

5 Handley Carr Glyn Moule, *Charles Simeon* (London: Methuen & Co.,

من خبرتي الشخصيَّة، يمكنني القول إنَّ صراعاتي مع الوعظ المترنِّح مرتبطة دومًا بالتمسُّك الأعمى **بالمواءمة مع ثقافة المستمعين**. وما تعلَّمته هو أنَّ احتياجات شعب كنيستي، بحسب فهمي لها ثقافيًا، يجب ألاَّ تكون هي القوَّة المحرِّكة لما أقوله في العظة. لسنا أحرارًا أن نعمل ما نريد بالكتاب المقدَّس. فالسيادة له، وهو يجب أن يربح دومًا.

يكمنُ دورُنا كوعَّاظ ومعلِّمين للكتاب المقدَّس في الوقوف تحت نور الكلمات التي وضعها الروح القدس منذ زمن طويل. إنَّ مهمَّتنا هي أن نقول اليوم ما قاله **الله** في ما مضى لا أكثر من ذلك. فإن عَمِلْنا هذا، سيظلُّ يتكلَّم.

الوعظ "الموحى به"

نظرنا إلى نتيجتين سلبيتين يؤدِّي إليهما التمسُّك الأعمى بالمواءمة الثقافيَّة للمستمعين، مما يضرُّ بالوعظ التفسيريّ الكتابيّ. أوَّلاً، اكتشفنا تأثير هذه الطريقة على الواعظ في دراسته. يمكن لهذه الطريقة في التحضير أن تؤدِّي إلى **الوعظ الانطباعيّ**. ثانيًا، رأينا كيف يمكن لهذه المواءمة الثقافيَّة العمياء التأثير على استخدام الواعظ للكتاب المقدَّس. فالضغوطات الأسبوعيَّة على الواعظ ليكون مواكبًا لثقافة الجمهور، يمكن أن تؤدِّي إلى **الوعظ المترنِّح**.

الآن أريد أن آخذ الواعظ بعيدًا عن دراسته، وبعيدًا عن كنيسته، وأتكلَّم عن كيف يقرأ الكتاب المقدَّس في الخفاء. وهنا أيضًا يمكن لخطط القراءة المعاصرة التي يتبنَّاها الناس في "خُلوتهم الشخصيَّة" أن تُضعف من المناداة العلنيَّة بكلمة **الله**. وفي الحقيقة، إن اقترنَتْ خُطط القراءة الشخصيَّة

1892), 97.

هذه مع التمسُّك الأعمى بالمواءمة الثقافيَّة، تكون المحصِّلة هي ما أُسميه "**الوعظ الموحَى به**".

دعوني أشرح: الكتاب المقدّس بحسب مصدر تأليفه الإلهي، هو كلمة **الله** الموحَى بها ذات السلطان، وسيظلُّ كذلك. لكنَّ الفكرة التي أريد توصيلها هي أنَّه من المُحزن أن يتزايد انجذاب الوعَّاظ إلى قراءتهم الذاتيَّة للنصّ الكتابيّ باعتبارها موحَى بها. وعلى نحو متزايد، يتعلَّم معلِّمو الكتاب المقدَّس أنَّ أيًّا كان ما يُحرِّك روحهم في أثناء قراءتهم الشخصيَّة للكتاب، فلا بد أنَّ هذا ما يريد روح **الله** أن يعظ به في العلن.

أحد الأمثلة على هذا النوع من خُطط القراءة له تاريخ طويل. ويعُرف باسم "القراءة السماويَّة Lectio Divina". كان الغرض من هذه الممارسة لتفسير الكتاب المقدَّس، التي تعود إلى العصر البنيديكتي، هو تعزيز الشركة مع **الله**، وبدرجة أقلّ، الإلمام بالكتاب المقدَّس. وكانت تفضِّل رؤية النصّ الكتابيّ باعتباره "الكلمة الحيَّة" وليس كلمة **الله** المكتوبة بغرض الدراسة. وتشمل أشكال هذه الممارسة التقليديَّة أربع خُطوات لقراءة الكتاب المقدَّس بطريقة خاصَّة: القراءة، والتأمُّل، والصلاة، والتفكير بإمعان؛ حيث تُسَكِّنُ قلبَكَ بقراءةٍ بسيطة للنصّ، ثم تتأمَّل، ربَّما في كلمة واحدة أو عِبارة من النصّ. وهكذا تتجنَّب عن قصد ما يمكن أن يُعتبر طريقة "تحليليَّة". الهدف هنا، في جوهر الأمر، هو انتظار استنارة الروح القدس حتَّى تصل إلى المعنى. ومن ثَمَّ تنتظر يسوع أن يعطيك فهمًا للنصّ. وبمجرد أن يُعْطيك الكلمة، تبدأ في الصلاة. وفي النهاية، ما الصلاة إلاَّ حوار مع **الله**. يتكلَّم **الله** من خلال كلمته، ويتكلَّم الشخص من خلال الصلاة. وفي النهاية، تصبح هذه الصلاة تأمليَّة، وتعطينا القدرة على استيعاب الحقائق اللاهوتيَّة الأعمق.

يبدو الأمر رائعًا ويتميَّز بالتقوى. في الواقع، يبدو أنَّه يمنح المرء ضمانة كتابيَّة قويَّة: "فَأَعْلَنَهُ اللهُ لَنَا نَحْنُ بِرُوحِهِ. لأَنَّ الرُّوحَ يَفْحَصُ كُلَّ شَيْءٍ حَتَّى أَعْمَاقَ اللهِ" (كورنثوس الأولى ٢: ١٠). دعونا نضع جانبًا للحظة ما كان بولس يقوله بالفعل في هذه الآية. تُدافع القراءة السماويَّة عن الطريقة الروحيَّة على حساب طريقة الدراسة النظاميَّة. إنَّها تستبدل التحقيق بالحدس والبديهة، وتُفضِّل العاطفة والحالة النفسيَّة على حساب الاستقصاء المنهجيّ العقلانيّ. هذه الطريقة تساوي بين روحِك والروح القدس.

هذه الطريقة يعشقها التمسُّك الأعمى بمواءمة العظة ثقافة المستمعين! إنَّ أكثر شيء يريده الناس اليوم هو "كلمة جديدة" من الله، يريدون شيئًا من روحِهِ يُنعش حياتهم الروحيَّة الفقيرة ويُغذِّيها.

مع أنَّ القراءة السماويَّة هي شكل تاريخيّ كاثوليكيّ للتفسير، فإنَّها قد شهدت انتعاشًا جديدًا في السنوات الأخيرة خاصَّة بين البروتستانت الإنجيليِّين. وحتَّى حين لا تمارَس بالاسم، فهي مشابهة على نحو يلفت النظر لطريقة تحضير العظات التي تعلَّمها العديد من الوعَّاظ الجدد. فقد قيل لهم أن يقرأوا الكتاب المقدَّس بطريقة تعبُّديَّة، وفي سكون، منتظرين الروح القدس ليتكلَّم؛ إذ يمكنك أن تكون متيقِّنًا من أنَّ ما سيضعه الله في قلبك من خلال النصّ في سكون تلك اللحظة، سيستخدمه أيضًا في حياة الآخرين. إذًا، "عِظ به يا أخي! فلا بدَّ أنَّه موحًى به".

لنأخذ مثالاً من إحدى الآيات الرائعة المطبوعة في التقويم السنويّ المُعلَّق على الحائط (فيلبِّي ٤: ١٣): "أَسْتَطِيعُ كُلَّ شَيْءٍ فِي الْمَسِيحِ الَّذِي يُقَوِّينِي".

كيف سنفهم هذا النصّ؟ سنقرأه في البداية بشكل شخصيّ، كما لو كان بولس قد كتبه لنا مباشرة. ثم نقرأ عبارة "كُلّ شَيْءٍ" كأنَّها "أيّ شيء".

فنظنُّ أنَّ هذا النصَّ يشير بالتأكيد إلى أيِّ شيء. وحين يواجهنا أيُّ نوعٍ من العواقب، يعطينا **الله** القوَّة للتغلُّب عليه. هل أنا بحاجة إلى تلك الترقية في العمل؟ **الله** سيعطيني القوَّة. هل أنا محتاج إلى تلك الرمية الثلاثيَّة قبل انتهاء مباراة كرة السلَّة بعشرين ثانية للفوز في المباراة؟ **الله** سيعطيني القوَّة. يا له من وَحْي! إنه مثاليّ لأيٍّ من تلك اللحظات التي نحتاج فيها إلى النجاح. ولأنَّنا فهمنا النصَّ تعبديًّا، فالأمر مُغْرٍ جدًّا أن نعظ به بهذه الطريقة.

تظهر المشكلة حين نتعمَّق قليلاً، فنجد أنَّ بولس لا يتكلَّم عن "أيِّ شيء". ولو قرأنا بضع آيات فقط بعد ذلك النصّ وقبله، لأدركنا أنَّ هذه الآية جزء من حديث بولس عن الألم في السجن. فهو يتكلَّم عن النجاة والبقاء حيًّا. إنَّه لا يتحدَّث عن الترقية ولا عن الرميات التي ستحسم له المباراة، ولكن عن احتمال المشقَّات حتَّى يتقدَّم الإنجيل إلى الأمام وينتشر (قارن مع فيلبِّي ١: ١٢). ولا يحتاج الأمر إلى وقت طويل حتَّى تتحطَّم أمام أعيننا قراءتنا التعبديَّة التي نكاد نجعلها موحى بها. فلم يحتَج الأمر إلاَّ لقراءة آيتين أخريين أو ثلاث.

يُعَدُّ هذا النوع من الوعظ "الموحى به" لعبة خطرة إذ إنَّه ذاتيّ بالكاملِ. وحين نتوقَّف عن العمل الشاقِّ لفهم الكلمات التي أعطانا إيّاها الروح القدس، ولا نعمل سوى بالفكر "المُرَوْحَن"، نصير نحن السلطة النهائيَّة في تقرير معنى النصّ. حينئذٍ نبدأ في فرض "حقائق" و"نصائح" ليس لها سند كتابيّ وغير قابلة لامتحانها من الكتاب المقدَّس. قد نفعل ذلك لأغراض حسنة، مثل حرصنا على صحة شعبنا الأخلاقيَّة أو الرغبة الصادقة في تجديد العالم الذي نعيش فيه. ومع ذلك، نحن نعمل خارج العقيدة السليمة. ونخلط بين "هكذا قال الربّ"، و"هكذا أقول أنا". ونطلب من شعب كنيستنا أن يؤمنوا بنا بدلاً من أن يؤمنوا بكلمة **الله**.

الآن، من المحتمل ألّا نتمسَّك أنت وأنا بهذه النظريَّة في ما يتعلَّق بالكتاب المقدَّس. ومع ذلك، دون وعي، كثيرًا ما نتصرَّف وكأنَّنا نؤمن بها.

كيف يحدث هذا الأمر؟ يلجأ الكثير من الوعَّاظ، وخاصَّة الوعَّاظ الشُبَّان، للنصِّ الكتابيّ لتهذيب النفس أو للنموّ الروحيّ الشخصيّ. هذه الممارسة ليست في جوهرها ممارسة سيئة، كما أنّ الوعظ التعبديّ ليس شيئًا سيئًا في جوهره. فصورة المسيح الموجودة في النصّ الكتابيّ، يجب أن تَحكُمَ فينا روحيًّا، ويجب أن نتشبَّه بها. لكن تكمن المشكلة في أنَّنا نميل بسهولة إلى أن نضِلَّ بعيدًا عن طريقة تأثير الروح القدس فينا من خلال النصّ، لنقرِّر نحن الطريقة التي لا بدَّ أن يعمل بها الروح القدس وسط شعب كنيستنا. وتجعل هذه الطريقة الوعظ مشابهًا جدًّا للوعظ الانطباعيّ، ولكنَّه مُغلَّفٌ بالتقوى بدلاً من الناحية العمليَّة.

نرى المثال الآخر من هذا النوع الذي يبدو وعظًا يتميَّز بالتقوى في جنوب أمريكا الشماليَّة وفي أمريكا الجنوبيَّة، وبخاصَّة في بعض الدوائر الكاريزماتيَّة في أمريكا اللاتينيَّة. مهَّدت الرؤى الروحانيَّة الطريق لنوع من الصوفيَّة يحتاج إلى ما هو أكثر من الأسفار المقدَّسة القانونيَّة حتَّى يظلّ ملائمًا.[٦] لذلك، على الوعَّاظ الأتقياء "الممتلئين من الروح القدس"، أن يقدِّموا حينئذ "إعلانًا جديدًا" في صورة نصائح ومبادئ عقائديَّة واجتماعيَّة. ولا يفصل بين "النصيحة الروحيَّة" من الواعظ المتعبِّد، وتقديم إعلان جديد إلا خطوة واحدة صغيرة. وقد أصبح ذلك في العديد من هذه الدوائر هو العلامة المميِّزة لمن هو مدعوٌّ للوعظ. وصار كلٌّ من الوعظ

٦ للمزيد حول هذا باللغة الإنجليزيَّة، استمع إلى حديث ميغيل نونييز في مؤتمر الرعاة ٢٠١٥ (انعقد يوم الأربعاء في الرابع من مارس ٢٠١٥ في كنيسة غريس كُميونيتي، صن فالي، كاليفورنيا) يمكنك زيارة:
http://www.shepherdsconference.org/media/details/?mediaID=10912

الأقل روحانيَّة والنصيحة العقلانيَّة جدًا المبنيَّة على القراءة الشخصيَّة المُرَوحَنة، وكذلك هذا الشكل من أشكال الوعظ الذي يقدِّم إعلانًا جديدًا، صار كلٌّ من هذه يقف متحدِّيًا كفاية الكتاب المقدَّس ومتخفِّيًا في صورة التقوى المسيحيَّة.

لتجنُّبِ التشويش والارتباك، أنا لا أقول إنَّ الروح القدس ليس له دور في الوعظ التفسيريّ لأنَّ ذلك خطأ فادح. فحقًّا بينما يهتدي الناس إلى الإيمان وينضجون من خلال الوعظ التفسيريّ، يجب أن تقترن كلمة الإنجيل بعمل الروح القدس كي يحدث التبكيت على الخطيَّة، والتجديد، والتوبة، والإيمان، والمثابرة المستمرَّة طوال الحياة. بعبارة أخرى: "إِذًا لَيْسَ الْغَارِسُ شَيْئًا وَلاَ السَّاقِي، بَلِ اللهُ الَّذِي يُنْمِي" (كورنثوس الأولى ٣: ٧).

كما اتَّضح، هذا التعاون "الحديث" بين قراءة الكتاب المقدس التأمليَّة، والوعظ، وخصوصًا اللجوء إلى مواءمة العظة لثقافة المستمعين بُغية الحصول على معنى النصّ الروحيّ ، ليس أمرًا جديدًا كما قد نظنّ. ظهر نوع منه على الساحة وسط شخصيَّات لاهوتيَّة مُصلَحة بارزة مثل كارل بارث (Karl Barth) وحركة الأرثوذكسيَّة الحديثة في الجزء الأول من القرن العشرين. حيث "أثبت" النقد الأعلى في ألمانيا أنَّ نصَّ الكتاب المقدَّس قد تعرَّض للتحريف، أو هكذا كان يُظنّ. ولأنَّ النصَّ الكتابيَّ تعرَّضَ للتحريف، فإن قُرَّاء الكتاب المقدَّس لا يمكنهم أن يعرفوا يقينًا قصد الكاتب الأصليّ. كان بارث وحركة الأرثوذكسيَّة الحديثة ينظران باحترام للكتاب المقدَّس، غير أنَّهما قدَّما تنازلات لبعض الأفكار من النقد الأعلى تختصُّ بالوحي اللفظيّ. وهكذا، لم تعُد فكرة التجاوب مع الكتاب المقدَّس بعبارة "هذه كلمة الربّ" فكرة يُمكن الدفاع عنها في كنيسةِ الأرثوذكسيَّة الحديثة، بل بالحريّ يمكن للقارئ أن يقول شيئًا من قبيل: "استمع لكلمة الربّ". وصار

الافتراض أنَّه لم يبقَ لنا سوى الروح القدس، ولهذا يجدر بنا أن نستمع لشخص ما قد سَمِعَ منه.

لم يمرَّ سوى جيل واحد حتَّى رأينا البعض من الإنجيليِّين ينتقل بالفعل إلى أبعد من بارث في الدفاع عن الوعظ الموحى به أو الذي يقوده الروح القدس. لكن هل نحن جديرون بالثقة؟ إنَّ الروح القدس، بلا شكٍّ، جدير بالثقة وقادر –على نحو معجزيّ– أن يغرس قصده فينا بطريقة بديهيَّة. لكن هل تعفينا هذه الاحتماليَّة من العمل الجادّ المتعلِّق بالتفسير؟ لماذا كلَّف الله نفسه وأوحى بالكتاب المقدَّس من الأساس؟ أليس من الممكن أن يعمل الروح القدس من خلال كلٍّ من البحث والتأمُّل؟ بممارستنا طريقة التفسير الذاتيَّة هذه على أساس أنَّها وعظ "موحى به"، ألا نخاطر بتجاهُل ما قصده الله في كلمته لننحاز إلى الوعظ بقصدنا نحن؟ ألسنا بهذا نتشكَّل بروح هذا العصر (الذي نحن بالضرورة جزء منه) بدلاً من أن نتشكَّل بحسب عمق كلمة الله؟

ترتيب الأفكار قبل المضي قُدمًا

إنَّ التمسُّك الأعمى بالمواءمة الثقافيَّة، قضيَّة واقعيَّة بالنسبة إلى الوعّاظ. فهذا التمسُّك الأعمى يغوينا للسعي دون تمييز أو تقييد إلى أن نكون متَّصلين بالثقافة، وهذه المساعي ينتج عنها تفسيرات للنصّ الكتابي هي الأكثر سطحيَّة. نظرنا في هذا الفصل إلى هذه المشكلة من ثلاث زوايا. أولاً، استكشفنا ما يحدث في دراسة الواعظ حين يكون السياق الثقافيّ هو الذي يقود العظة، عوضًا عن أن يضيف إليها بعض المعلومات فقط. ينتهي بنا الأمر إلى ترك واقعيَّة النصّ الكتابيّ واستخدام الوعظ الانطباعيّ على أحسن تقدير. ثانيًا، التمسُّك الأعمى بمواءمة العظة لثقافة

الجمهور، كثيرًا ما يتسبَّب في أن نخطئ الهدف فلا نستخدم الكتاب المقدَّس بالطريقة الصحيحة. يعاني العديد منَّا إدمانَ الناحية العمليَّة وفكرة أنَّنا نستطيع أن نحدِّد مسبَّقًا ما يحتاج شعب كنيستنا إلى أن يسمعوه. وحين نفعل ذلك، نشرب من كأس **الوعظ المترنِّح**. ثالثًا، يزداد ارتباط التمسُّك الأعمى، بالممارسة التعبديَّة الخاصَّة بالواعظ. إذ يرغب الوعَّاظ في شيء "جديد" و"روحيّ". مِن ثَمَّ ننقل مشاعرنا الروحانيَّة أو "الجديدة" وكأنَّها رسالة **الله**. ونتيجة لذلك يحلُّ **الوعظ "الموحى به"** محلَّ الوعظ التفسيريّ.

يحقُّ لنا أن نسأل: "ألا توجد طريقة بسيطة توضِّح إلى أين سينتهي ميلنا الفطريّ الخاطئ نحو مواءمة الوعظ سياق المستمعين وثقافتهم؟" أعتقد أنه توجد طريقة.

يُظهر الجانب الأيمن من هذه الصورة التوضيحيَّة مسؤوليَّة الواعظ تجاه محتوى كلمة **الله**: أن **يفهمها فهمًا سليمًا. هذا جزء ضروري من عملنا.** نريد جميعًا أن نكون أمناء. ويعطينا الكتاب المقدَّس كلمات الإله الحيّ. أما الجانب الأيسر من الصورة فيوجِّهنا إلى مسؤوليَّة أخرى: **توصيل الكلمة للمستمعين**. وهذا الجزء ضروريٌّ أيضًا. مَن منَّا لا يريد أن يكون أمينًا؟ يقف الواعظ بين هاتين المهمَّتين كلَّ أسبوع. إنَّهما تضغطان عليه، وكلُّ واحدة تصارع للفوز بوقته وانتباهه. وفي أغلب الأحيان، يخشى الواعظ من أنَّ الالتزام الكامل بإحداهما لا يمكن أن يتحقَّق دون التخلِّي عن الأخرى.

نتيجة لذلك، يبدأ الواعظ بالحديث مع نفسه، وتبدو المحادثة على النحو التالي: "إن ذهبتُ في هذا الاتجاه، وصرفتُ وقتَ تحضير العظة في **فهم الكلمة فهمًا صحيحًا**، أخشى أن ينتهي بي الأمر أن أكون مفكِّرًا أكثر من اللازم، وعقلانيًّا أكثر من اللازم، فأفقد التأثير الحياتيّ **الذي يحقِّقه توصيل الكلمة للمستمعين**. في جوهر الأمر، لا يمكنُني تحمُّل أن أُلقَّب بواعظ الكلمة، إن كان ذلك يعني أن أفقد هُويتي كواعظ ممتلئ بالروح القدس. أليست عليَّ مسؤوليَّة أن أخاطب القلب، وليس فقط العقل؟ إنَّ رسائلي بحاجة إلى كسب المصداقيَّة في الشارع. استكفيت من الوعَّاظ الذين لا يفكرون إلاَّ في الاهتداء الروحيّ. ما أعنيه أنَّ المعتقد القويم "orthodoxy" هو أمر مهم، ولكن دون أن تقود المواءمةُ لسياق المستمعين وثقافتهم عملي، فلن أصِلَ مطلقًا إلى السلوك القويم "orthopraxis". أعلم أنِّي أعظ من نصّ كتابيٍّ، ولكن أخيرًا، أنا هنا لأُحدِث تأثيرًا اليوم".

كلَّما برز هذا الجدال في قلب المدعوِّين للوعظ وعقلهم، أي ذلك الإحساس بأنَّ فهم الكلمة الصحيح وتوصيل الكلمة للجمهور هما شريكان يستحيل جمعهما، يمكنك التأكُّد من أنَّ التمسك الأعمى بالمواءمة الثقافيَّة يتربَّص بك في مكان قريب ليجعل الوعظ الانطباعيّ، والمترنِّح، و"الموحى به" سيِّدَ الموقف.

بالطبع، لا يُعدّ الالتزامان المتمثِّلان في فهم الكلمة الصحيح، وتوصيل الكلمة للناس، شريكَين مستحيلَين. لقد وجد تشارلز سيميون وكلُّ الوعَّاظ المفسِّرين الأمناء الذين أعرفهم طريقةً للتمسُّك بكليهما. ورجائي أن تنجح الفصول الثلاثة التالية في أن تقدم لك طريقة لتحضير العظات تُمكِّنك من الانضمام إليهم في عمل الوعظ التفسيريّ الكتابيّ الأمين والمُثمِر.

التفسـير

(Exegesis)

ختمنا الفصل الأوَّل بتوضيح إمكانيَّة فهم النصِّ فهمًا سليمًا، وتوصيل هذا النصّ للناس في الوقت نفسه. ليس علينا أن نختار الواحدة ونترك الأخرى، إذ يمكن تحقيق كليهما على نحو ممتاز.

لكن كيف؟ كيف نُحضِّر عظات أمينة للنصّ ونافعة لليوم؟ وكيف نفعل ذلك مع تجنب ميلنا الفطريّ إلى التمسُّك الأعمى بالمواءمة الثقافيَّة؟

توجد طريقة يبدو أنَّ المفسِّرين الأكفاء يتبعونها. تعرض الفصول الثلاثة التالية عمليَّة من ثلاثة أجزاء، هي طريقة تفكير للعمل، تتبع هذا المسار: (١) التفسير؛ (٢) التفكير في جانب النصّ اللاهوتيّ؛ (٣) التطبيقات الخاصّة بالوقت الحاليّ.

إعطاء الأولويَّة للأكثر أهميَّة

يجب أن يبدأ كلُّ وعظ بالتفسير. بعبارة أخرى، يجب تنحية المواءمة الثقافيَّة، والتأمُّل اللاهوتيّ، وأمور الحاضر، جانبًا، حيث يجب أن نكون ملتزمين بعمليَّة التحضير التي تعطي الأولويَّة للأكثر أهميَّة. أقصد بذلك أن يبدأ الواعظ الأمين عمليَّة تحضير عظته بالانتباه إلى الجمهور الأصليّ الذي كان يستمع للنصّ الكتابيّ، وأهداف النصّ بالنسبة إلى هؤلاء القرَّاء الأوائل. ويعطي هذا الواعظ لهؤلاء القرَّاء الأوائل اهتمامه الأوَّل بثلاث طرق مختلفة. فهو بطريقة أو بأخرى يقوم بالتالي:

١. يعطي للسياق الكتابيّ (وليس سياقه الخاصّ) حقَّ التحكُّم في معنى النصّ.
٢. يصغي بانتباه حتَّى يعلم كيف يتوافق النصّ مع الرسالة العامَّة للسِفر.
٣. يلاحظ بِنية النصّ والمضمون الذي يُشدِّد عليه.

هل لاحظتَ كيف لا يتعلَّق شيء من القائمة السابقة بالمواءمة الثقافيَّة؟ إنَّ المواءمة الثقافيَّة مهمَّة، كما سنرى في الفصل الرابع، لكنَّ مفسِّري الكتاب المقدس الأكفاء يدرِّبون أنفسهم على إرجاء هذه الخطوة إلى وقتٍ لاحق من عمليَّة تحضير العظة.

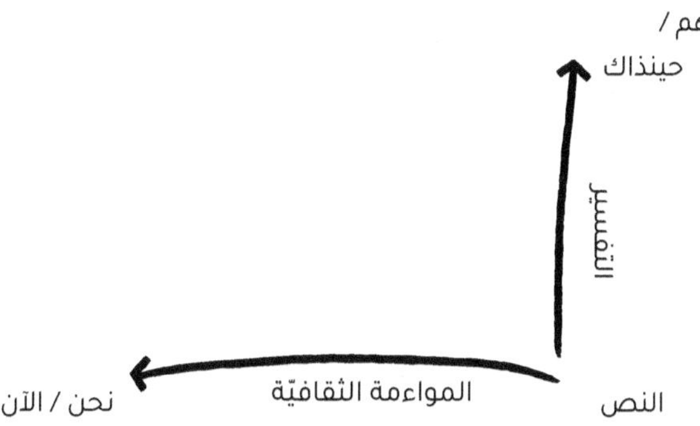

تُعدّ المواءمة الثقافيَّة شريكًا جيدًا في العمليَّة، لكنَّها قائد سيِّئ؛ فإن وضعتها قبل قواعد التفسير في خطوات تحضير العظة، ستظهر المشكلات بسرعة. المشكلة هي أنَّ الكثير جدًّا منا يؤجِّل التفسير إلى نهاية عمليَّة إعداد العظة، بينما نركِّز اهتمامنا على الثقافة وعلى قدرتنا على ربط عظتنا بها.

بالنسبة إلى العديد منا، سيكون التحدِّي الأكبر هو إعادة توجيه ما يستحقُّ أن يكون أوَّلاً. إن الخُطوة الأولى نحو الوعظ التفسيريّ هي التعامل مع المواءمة الثقافيَّة كشريك تحتضنه وتقوده. والأمر ببساطة لن ينجح إذا حدث عكس ذلك. لا زلت أتذكر أين كنت جالسًا عندما خطر على بالي إعادة توجيه طريقة التفكير هذه.

١- يوم بدأت أفهم

كنتُ في التاسعة والعشرين حين عرَّفَني ستيف بيكلي، راعي كنيسة وصديق لي، على ديك لوكاس. لوكاس الآن متقاعد من عمله كراعٍ لكنيسة سانت هيلين في مدينة بيشوبس جيت في لندن. وكان بيكلي قد رتَّب للوكاس أن يقضيَ يومًا معنا كفريق رعاة في كنيسة كوليدج تحت رئاسة القس كِنت هيوز. وكان هذا هو اليوم الذي بدأتُ أدرك فيه أنَّني لم أكن في الحقيقة أفهم ما كنتُ أفعله.

وفي الحال، استخدم الله لوكاس ليتحدَّى طريقتنا المعتادة في تحضير العظات. وفي غضون ساعتين قصيرتين، وضَعَنا داخل عالم نصّ كتابيٍّ مألوف جدًّا: كورنثوس الأولى ١٣. ولما انتهى من تدريبنا، وَجَدَت عمليَّةُ تحضيرنا العظات اتجاهًا جديدًا. فقد وضع أقدامنا على طريق أفضل، طريق لا يزال يرشدني إلى هذا اليوم.

أوَّلاً، طلب لوكاس منَّا أن **نعطي الأولويَّة للأكثر أهميَّة**. وكان هذا صعب في تنفيذه أكثر مما كنت أتصوَّر. كنت دومًا أسمع أن الأصحاح ١٣ من رسالة كورنثوس الأولى يُشار إليه "بأصحاح المحبَّة". لم أكن أتعرَّض لهذا الأصحاح إلاَّ في مراسم الزفاف. وفي مناسبات مثل هذه، يقرأ الواعظ النصّ بغرض المواءمة الثقافيَّة، ويحكمه ذلك الحدث السعيد الذي كنَّا نحتفل به.

من المعتاد أن يحكم حفلات الزفاف موضوعات مثل التشجيع والاحتفال، والعظات التي سمعتها حول هذا النصّ كانت مفعمة بهذه المشاعر. بعبارة أخرى، كان الجمهور المستمع للواعظ هو سيِّد الموقف. ولا عزاء للجمهور الذي كُتبت له الرسالة في الأصل.

ثانيًا، قادنا لوكاس إلى فترة من الملاحظة. وطلب منَّا أن نُرجئ للحظة الحكم على معنى النصّ أو كيف يمكن تطبيقه اليوم، وبدلاً من ذلك طلب أن نفكِّر في الأصحاح من خلال سياقه الأدبيّ المباشر. ولمَّا فعلنا ذلك، رأينا أن كورنثوس الأولى ١٣ يتوسَّط أصحاحين يتكلَّمان عن المواهب الروحيَّة، وعلى نحو خاصّ، العلاقة بين المواهب والنضج الروحيّ (١٢: ١، ٤، ٩، ٢٨، ٣٠، ٣١؛ ١٤: ١ ـ ٣٧).

ثالثًا، طلب منَّا لوكاس أن نبحث عن المصطلحات الدالَّة على المواهب والنضج الروحيّ في الجزء الأسبق من الرسالة. كان يريدنا أن **نصغي بانتباه** حتَّى نعرف كيف يتوافق هذا النصّ مع مجمل رسالة هذا السفر. وقادنا هذا إلى ١: ٤ – ٧، حيث يدعو بولس أهل كورنثوس "بالجماعة الموهوبة". وفي الحقيقة، لم تكن تنقصهم أيَّة موهبة على الإطلاق. لكن في ٣: ١ يُفجِّر بولس مفاجأة من العيار الثقيل في وجه هذه الجماعة الموهوبة إلى أبعد حد؛ إذ يقول عنهم إنَّهم غير ناضجين روحيًّا، بل ينعتهم بالأطفال روحيًّا (ع ١، ٢).

كانت هذه أول مرَّة يخطر ببالنا أنَّ أهل كورنثوس قد خلطوا العلاقة بين المواهب، والنضج الروحيّ. فقد بدأوا بالظنّ أنَّ بعض المواهب "الألسنة" –في هذه الحال– أعطتهم تزكية من جهة النضج الروحيّ. سرعان ما أخذت الأفكار تتسابق في أذهاننا. ما الذي كان بولس يقوله في الحقيقة عن المحبَّة في الأصحاح ١٣؟ هل كان المقصود أن يُوَبِّخَهُم

على نقص محبَّتهم؟ هل كان القصد الجوهريّ للروح القدس من "أصحاح المحبَّة" أن يُقوِّم ويُصحِّح بدلاً من أن يُشجِّع (تحت ستار الكلام العاطفيّ)؟

رابعًا، أوضح لنا لوكاس كيف أنَّ قرينة الأصحاح بكامله مقترنة بمفردات الأصحاح ١٣. فكِّر في أنَّ "المحبَّة" في الأصحاح ١٣ "لا تَتَفَاخَرُ". هل تظهر هذه اللغة قبل ذلك في الرسالة؟ نعم إنَّها تظهر، ولم يكن استخدام بولس لها في ما سبق تكميليًا: "أَفَأَنْتُمْ مُنْتَفِخُونَ" (٥: ٢).

ثم توقَّف لوكاس وسمح لنا أن نستوعب كلَّ هذا. أدركنا أنَّ هذا الأصحاح قد سقط على رأس جماعة مؤمني كورنثوس كالصاعقة. كان بولس يتكلَّم عن المحبَّة بالتحديد لأنَّها كانت الشيء الأساسيّ الذي يفتقر إليه أهل كورنثوس! ربَّما كانوا جماعة موهوبة، لكنَّهم كانوا لا يزالون أطفالاً. أراد بولس لهم أن ينضجوا، ويكونوا مثله، "رجل" مميز بالمحبَّة، وهذا هو معنى النضج بالنسبة إليه.

وصلنا إلى كورنثوس مع المستمعين الأوائل، وما يدعو للسخرية هو أنَّنا وجدنا أنفسنا جاهزين لأن نعظَ على نحو أفضل، عظةً ملائمة وذات صلة بشعب كنيستنا في شيكاغو.

أمَّا بالنسبة إليّ، فقد بدأت أفهم في التوّ واللحظة. وأستطيعُ الآن أن أرى العناصر اللازمة لأيِّ واعظ مُفسِّر. استخدم الله بقوة ذلك اليوم ليعيد ترتيب طريقة إعدادي العظات. وخرجنا جميعنا من هذه الخبرة أشخاصًا مختلفين، بشهيَّة متجددة لكلمة الله والتزام اختبرناه لأول مرَّة نحو عمل كلّ ما يلزم لنصبح وعّاظًا مُفسِّرين النصّ المقدَّس.

عندما يصبح القرَّاء الأصليُّون أو الأوائل اهتمامَك الأوَّل، سترى الأشياء بنظرة مختلفة. دعوني أوضِّح هذا عن طريق المِنظار "التليسكوب".

يسمح لنا المنظار برؤية ما هو بعيد في السماء. وأعطى غاليليو المنظارَ شهرةً، إذ استخدمه ليرى به ما يبدو كفوَّهات البراكين على سطح القمر علاوة على الملايين أو ربَّما المليارات من النجوم المُعَلَّقَة في مجَرَّة درب اللبَّانة. والفكرة وراء هذا الاختراع بسيطة. خُذ عدسَتينِ، واحدة أكبر حجمًا من الأخرى، واربط بينهما بواسطة أسطوانة منزلقة. ولتكن العدسة الكبرى محدَّبة ولها القدرة على تكبير الصورة. أما العدسة الصغرى فهي ببساطة عدسة عينيَّة تسمح للناظر بإلقاء نظرة مقرَّبة إلى الأشياء البعيدة. امسك المنظار بالطريقة الصحيحة، وستكتشف أشياء مذهلة، ولكن إن أمسكت بالمنظار بالطريقة الخاطئة، سيبدو فجأة الشيء الذي تريد النظر إليه مشوَّهًا، وصغيرًا، وضبابيًّا. وسيضيع جمال الشيء وشكله.

يمكن تطبيق هذا المبدأ نفسه على عمليَّة تحضير العظة. فإن كنت تود أن تكون مفسِّرًا جيِّدًا للكتاب المقدَّس، عليك أن تروِّض نفسك على أن تضع نصب عينيك السامِعين (أي القرَّاء) الأوائل أوَّلاً. هذا من شأنه أن يحميك من تشويه شكل النصّ، ويساعدك على أن ترى ما يقصده الروح القدس لشعب كنيستك.

لكنَّ الموضوع أكثر تعقيدًا مما يبدو عليه في الظاهر. لا أظنّ أنَّ باستطاعتي القيام بالعمل التفسيريّ بمفردي. لذلك أُصلّي في كلِّ مرة قبل أن أجلس لأدرس الكتاب المقدَّس. فمع أنَّ هناك وسائل اعتياديَّة للدراسة،

فأنا بحاجة إلى معونة الروح القدس غير العاديَّة في هذه العمليَّة. ومع أنِّي سأشاركك ببعض الأمور العمليَّة التي يمكنك أن تطبِّقها في دراستك في الصفحات التالية، إلاَّ أنَّه يجب عليك أن تفهم أنَّك تحت رحمة الروح القدس في ما يتعلَّق بفهم النصّ.

٢- أعطِ القرينة (السياق) الكتابيَّة الحقَّ في التحكُّم

عندما بدأتُ التطبيق عمليًّا، وجدتُ أنَّه من المفيد أن أفكِّر في السياق بطريقتَين مختلفتَين: السياق الأدبيّ والسياق التاريخيّ. تتعلق هاتان الفكرتان بعضهما ببعض، وكثيرًا ما تتداخلان، غير أنَّه من المهمِّ أن نفهم الفرق بينهما. يهتمُّ السياق التاريخيّ بالظروف أو الموقف الذي استدعى كتابة النصّ. وقد يتطلَّب هذا منك أن تفهم الثقافة القديمة. وربَّما تحتاج إلى تقوية معرفتك بالتاريخ الكتابيّ. أو ربَّما تدرس سفرًا كاملاً محاولاً أن تجمع الموقف الذي كان يمرُّ به القرّاء الأوائل.

أما **السياق الأدبيّ** فهو ببساطة النصّ القريب من نصِّك الكتابي الذي تدرسه. ويهتمُّ بطريقة الكاتب في الكتابة أو أسلوبه التحريريّ، ويتساءل عن سبب تنسيقه السِّفر بهذه الطريقة. إنَّ الآيات أو الأصحاحات التي تسبق النصّ والتي تليه تعطي شكلاً أو انسيابًا يساعدنا على فهم معنى النصّ.[١]

١ كيفيَّة حفظك للتوازن بين القرينتين التاريخيَّة والأدبيَّة، والأسئلة التي تطرحها على النصّ ستعتمد –جزئيًّا– على السِّفر الذي تعظ منه. فعلى سبيل المثال، في إحدى الرسائل، تريد أن تتعرَّف على موقف الكنيسة أو الفرد التاريخيّ اللذين كُتبت إليهما الرسالة. ولكنَّك لن تريد بالضرورة أن تقرأ أحد الأناجيل بالطريقة نفسها. فإن كانت الأناجيل قد قُصد لها أن توَزَّع في كلّ العالم، إذًا فالخلفيَّة التاريخيَّة للقرَّاء الأوائل الذين كتبَ إليهم كلّ بشير هي أقلّ أهميَّة من القرينة الأدبيَّة التي تشمل كيف قام البشير بجمع مادَّة الإنجيل الذي كتبه. للمزيد عن القرَّاء الذين كُتِبَت إليهم الأناجيل، انظر كتاب *The Gospels for All Christians*، أي "الأناجيل لكلّ المؤمنين" (Grand Rapids, MI: Eerdmans, 1998).

دعونا ننظر مثالاً عن كيف يجب أن يتحكَّم سياق النصّ –وليس سياقنا نحن– في معنى النصّ.

في كورنثوس الثانية ٦: ١٤، ١٥ نقرأ:

"لاَ تَكُونُوا تَحْتَ نِيرٍ مَعَ غَيْرِ الْمُؤْمِنِينَ، لأَنَّهُ أَيَّةُ خِلْطَةٍ لِلْبِرِّ وَالإِثْمِ؟ وَأَيَّةُ شَرِكَةٍ لِلنُّورِ مَعَ الظُّلْمَةِ؟ وَأَيُّ اتِّفَاقٍ لِلْمَسِيحِ مَعَ بَلِيعَالَ؟ وَأَيُّ نَصِيبٍ لِلْمُؤْمِنِ مَعَ غَيْرِ الْمُؤْمِنِ؟"

أتذكَّر أنِّي ذات يوم ألقيت عظة من هذا النصّ، وكان قصدي منها أن تساعد شعبي على التفكير في القضايا المتعلِّقة بالزواج أو باختيارهم لشركائهم في العمل.

المشكلة هي أنَّنا إن تعمَّقنا قليلاً داخل السياق التاريخيّ، سنرى أنَّ الكاتب لم يكن يتحدَّث مباشرة إلينا. كان بولس يحتجُّ على تدبير أهل كورنثوس لمعلِّمين متكبِّرين وذوي شعبيَّة يديرون خدمتهم بطريقة تجعلهم يتجنَّبون الاضطهاد مهما كانت التكلفة. إنَّ "فائقي الرسل" أضلُّوا الناس بعيدًا عن الإنجيل وبعيدًا عن بولس. وقد أراد بولس أن يستردَّهم! أرادهم أن ينضمُّوا إليه تحت نيرٍ واحد. لذلك، من الناحية التاريخيَّة، يجب أن يكون قلق بولس من مشكلة اقتراننا بالمعلِّمين الكذبة هو ما يحكم تفسيرنا لهذا النصّ. ولا علاقة لهذا النصّ في المقام الأول بمن تتزوَّجه أو بمن تشاركه في العمل.

لا يفعل السياق الأدبيّ لهذه الآيات شيئًا سوى تأكيد ذلك. أما في الآيات السابقة، فيقول بولس لأهل كورنثوس إنَّ قلبه لم يزل مفتوحًا لهم حتَّى إن كانت قلوبهم قد أغلقت عنه. فنجده يناشدهم: "كُونُوا أَنْتُمْ أَيْضًا مُتَّسِعِينَ!" (٦: ١٣)، وكذلك يناشدهم بأن يكونوا معه تحت نير واحد. ثم يعود إلى هذه المناشدة في آيات هذا المقطع الكتابيّ التالية: "اِقْبَلُونَا"، أي "اجعلوا قلوبكم رحبة لنا" (٧: ٢).

إن معرفة السياق التاريخيّ والسياق الأدبيّ يمكن أن يغيِّر كلَّ شيءٍ بالنسبة إليك. فالمفسِّرون الكتابيُّون الأكفاء يسمحون للسياقَين بالتحكُّم في تقرير معنى النصّ. وبالتالي، أوَّل شيء عليك أن تعمله هو أن تبدأ بقراءة الآيات والأصحاحات التي تسبق النصّ وتلك التي تلحقه. اسأل نفسك مجموعة مختلفة من الأسئلة: "لماذا يوجد هذا النصّ في هذا المكان؟ كيف يتلاءم هذا النصّ مع السياق الأكبر؟ ما الموقف الذي كان يواجهه المستمعون الأصليُّون أو القُرَّاء الأوائل حسب النوع الأدبيّ؟"

٣- أصغِ إلى نغمة النصّ

ذكرتُ في مطلع هذا الفصل أربع طرق عمليَّة لإعطاء الأشياء الأكثر أهميَّة أولويَّة. وبعد أن اطَّلعنا على الطريقة الأولى (وهي إعطاء السياق الكتابيّ الحقَّ في التحكم)، دعونا ننظر إلى الطريقة الثانية وهي الاستماع إلى النصّ بانتباه لنعرف كيف يتوافق ضمن رسالة السِّفر الإجماليَّة.

أفضل الوعَّاظ هم عادة أفضل المستمعين. فهم يبدأون دراستهم وآذانهم مستعدَّة للاستماع. إن كان هذا هو دورنا، فمن الأفضل لنا أن نتعلَّم القيام بالتفسير بآذاننا وأيضًا بأذهاننا! كلُّ مفسِّر جيد أعرفه، يقوم بالتفسير عن طريق الإصغاء للأشياء الفريدة التي يقولها الله في السِّفر الذي يريد المُفسِّر شرحه وتفسيره. منذ سنوات، قام لوكاس بشرح هذا المبدأ على النحو التالي:

النغمة أو السطر الموسيقيّ هي سلسلة قصيرة من النُوَت الموسيقيَّة التي تُكوِّن مقطعًا مميَّزًا من أغنية. قد تكون جزءًا من لحن أساسيٍّ يتكرَّر ويتنوَّع. تعمل أسفار الكتاب المقدَّس بالطريقة نفسها. فكلُّ سفر له نغمته المميَّزة، أي له جوهره الذي يُطلِع القارئ بفكرة السِّفر. وكلُّ مقطع في السِّفر يخدم هذه النغمة بطريقة ما. يمكنك أن تفكِّر فيه كأنَّه خيط قد نُسِجَ عبر قطعة نسيج السِّفر كلّها. أو يمكنك أن تتصوَّره على أنَّه قضيب معدني أفقيّ كالذي تُعلَّق عليه الستارة، حيث يُعلَّق عليه كلُّ نصٍّ كتابيّ. لذا، في الوعظ، ربَّما نسأل "ما جوهر السِّفر الذي أدرسُه؟ وكيف يساعدني هذا النصّ الكتابيّ على فهم جوهر السفر، وكيف يساهم جوهر (نغمة أو رسالة) هذا السِّفر في فهمي للنصّ الكتابيّ؟".

هذا هو الخبر المفرح للواعظ: إن كنَّا نعلم ما هو موضوع السِّفر ككلّ، يمكننا أن نفسِّر كلَّ مقطع تفسيرًا أفضل. كما يوجد أيضًا فائدة أخرى مهمَّة. إن استخدمنا نغمة (أو جوهر) السِّفر في وعظنا، سيتعلَّم مستمعونا تدريجيًّا موضوع السفر، حتَّى لو لم يتذكَّروا كلَّ عظة على حدة.

كيف لنا إذًا التعرُّف على نغمة السفر؟

دعوني أخبركم كيف فعلت ذلك في المدرسة الثانويَّة. في مرات عديدة كان يُطلب مني أن أقرأ كتابًا كبيرًا أو رواية كبيرة. وبعدها يخبرني أستاذي أنَّ الامتحان صار وشيكًا. وكشخص اعتاد أن يستخدم الطرق المختصرة، اكتشفتُ كيف أصِل للفكرة الرئيسيَّة في الكتاب بسرعة. أولاً، بحثتُ عن فقرة ما في المقدِّمة، رأيت أنها تقدِّم تصريحًا بالفكرة الرئيسيَّة أو الغرض من الكتاب. ثم قرأت الفصلَين الأول والأخير. وفي النهاية، عدتُ إلى صفحة المحتويات. وبناء على ما قرأت، رحتُ أصِل النقاط بعضها ببعض بالربط بين عناوين الفصول.

استخدمت بالبديهة استراتيجيَّات مختلفة لمعرفة جوهر الكتاب، مثل قراءة الكتاب من **الغلاف للغلاف**، و**قراءة البداية والنهاية** من جديد، والبحث عن **كلمات، ومفاهيم، وعبارات متكررة** ومهمَّة، واصطياد **الجملة التي تقدم الغرض من كتابة الكتاب.**

هذه الأدوات نفسها يمكن أن تساعدك على معرفة نغمة السِّفر. اكتشفت الفائدة من إضافة هذا العنصر إلى عمليَّة تحضير العظة منذ بضع سنوات. كنت أريد أن أعظ من رسالة يهوذا القصيرة. وانتهى بي الأمر أنِّي ألقيت عدَّة عظات من هذه الرسالة، وقد أحببت كلَّ دقيقة منها. غير أنَّ التعرُّف على نغمة السِّفر تتطلَّب مني بذل جهدٍ حقيقيّ.

من الغلاف إلى الغلاف

قبل وقتٍ طويل من بداية إعدادي سلسلة عظات رسالة يهوذا، وضعت هذه الرسالة في خُطَّة قراءاتي، وذلك بقراءتها ببساطة من بدايتها إلى نهايتها، لم يكن الأمر صعب التطبيق على رسالة تتكوَّن فقط من خمس وعشرين آية! وأقترح عليك عمل هذا لأيِّ سفر ستعظ منه. من الجيِّد دائمًا في حقيقة الأمر أن تقرأ السِّفر كاملاً في جلسة واحدة. وسرعان ما سيبدأ السِّفر في أن يصبح مألوفًا لك. إن التعرُّف على السِّفر بمصطلحاته الخاصَّة، والإصغاء له، ستكون له فوائد عظيمة حين يأتي وقت الوعظ به.

قراءة البداية والنهاية

من المعتاد أن يبدأ المؤلِّف الموسيقيّ القطعة الموسيقيَّة وينهيها، بنغمة معيَّنة، حتَّى لو تكرَّرت هذه النغمة عبر القطعة الموسيقيَّة. ينطبق الأمر نفسه على أسفار الكتاب المقدس. حين علمت أنِّي سأعظ من رسالة

يهوذا بكاملها، صرفتُ وقتًا في قراءة وإعادة قراءة بداية الرسالة ونهايتها فقط. وبدأ يتردَّد صوتٌ واحدٌ فريد: "**المحفوظون**". في الآية الأولى يقول يهوذا إنه يكتب للذين هم "**مَحْفُوظِينَ لِيَسُوعَ الْمَسِيحِ**". وفي الآية ٢٤ يشير إلى "الْقَادِرُ أَنْ يَحْفَظَكُمْ غَيْرَ عَاثِرِينَ". في هذه المرحلة من تحضيري العظة، شعرت بأنَّني جاهز أن أُخمِّن مؤقَّتًا ما الموضوع الذي يتكلَّم عنه يهوذا، وهو **كوننا محفوظين بالله للمسيح**.

الكلمات، والمفاهيم، والعبارات المتكرِّرَة

عندَ هذه المرحلة من التفسير، كنت جاهزًا لاختبار تصريحي المبدئيّ لفكرة النصّ من خلال ضبط أذنيَّ لتَكُون متناغمة مع محتوى الرسالة. هل تلعب فكرة **محفوظين بالله للمسيح** دورًا مهمًّا في تشكيل جسم الرسالة؟ ووجدت أنَّها تقوم بهذا الدور بالفعل. فالكلمة "**محفوظين**" نفسها، في الآية ١ (والفعل المرادف لها "**يَحْفَظَكُمْ**" في الآية ٢٤) تكرَّرت أربع مرات: مرَّتين في الآية ٦ (في أوَّل مرَّة تُرجمت إلى الإنكليزيَّة "يبقى"[٢])، ومرَّة في الآية ١٣ (بمعنى "محفوظ")، ومرَّة في صيغة الأمر في الآية ٢١. وبقدر ما كان هذا الاكتشاف مثيرًا، فقد وقف استخدامُ الكلمة هذا المتكرِّر متحدِّيًا نغمتي الأولى! يوصي الكاتب أولئك المحفوظين ليسوع في بداية رسالة يهوذا ونهايتها، في بقيَّة الرسالة أن يحفظوا أنفسهم في محبَّة **الله**. وهذا يقف متباينًا مع الملائكة الساقطين والمعلِّمين الكذبة الذين لم يحفظوا أنفسهم وبالتالي هم محفوظون للدينونة. ولو سألني أحدهم عند هذه النقطة ما الذي كان يقصده يهوذا، لكنت أجبت بأنَّ **المحفوظين من الله ليسوع عليهم مسؤوليَّة أن يحفظوا أنفسهم في محبَّة الله**.

٢ لكن في العربيَّة الفعل هو "يحفظ".

بيان الغرض من الرسالة

أخيرًا، قرأت الرسالة مرة أخرى، راجيًا أن أستمع إلى بيان الغرض منها.[3] ولم يستغرق الأمر طويلاً لأجد واحدًا. واسترعى انتباهي يهوذا ٣: "أَيُّهَا الأَحِبَّاءُ، إِذْ كُنْتُ أَصْنَعُ كُلَّ الْجَهْدِ لأَكْتُبَ إِلَيْكُمْ عَنِ الْخَلاَصِ الْمُشْتَرَكِ، اضْطُرِرْتُ أَنْ أَكْتُبَ إِلَيْكُمْ وَاعِظًا أَنْ تَجْتَهِدُوا لأَجْلِ الإِيمَانِ الْمُسَلَّمِ مَرَّةً لِلْقِدِّيسِينَ". سمحَت هذه العبارة لي بأن أسمع نغمة رسالة يهوذا. وأيَّما كانت النغمة، فقد كانت بحاجة إلى أن تتضمَّن شعورًا بالحاجة المُلِحَّة. فلم يكن الأمر قليل الأهميَّة إذ إنَّ صحّة الكنيسة وقداستها هما المعرَّضتان للخطر!

إن رسالة يهوذا هي أبعد ما يكون عن قصيدة غنائيَّة لاهوتيَّة جافَّة، تهتمُّ باستكشاف موضوع **الحفظ** و**المحفوظين** من حيث العلاقة بين سيادة **الله** ومسؤوليَّة الإنسان. لا! هذه الرسالة الموجزة والقويَّة هي نوتة موسيقيَّة ذات نغمات جيَّاشة. وقد كنتُ بحاجة إلى تحديد نغمة الرسالة وجوهرها للمرة الثالثة: **مع وضع المخاطر في ذلك الوقت في الاعتبار، كانت صحَّة الكنيسة وقداستها تتطلَّبان من أولئك المحفوظين من الله ليسوع أن يجاهدوا من أجل الإيمان، ويحفظوا أنفسهم في محبَّة الله.**

الآن وصلتُ لنغمة الرسالة. وقد تعلَّمتُ كذلك درسَيْنِ مُهمَّيْنِ خلال هذا الجزء من عمليَّة التحضير، ليس فقط أنَّني سأعظ كلَّ مقطع كتابيّ منفرد على نحو أفضل، إن كنت أعرف كيف أربطه بمُجمَل السفر، ولكن أيضًا أنَّ كلَّ استراتيجيَّة استماع استخدمتُها في هذا الجزء من عمليَّة التفسير، تلعب دورًا مهمًّا في فهمي الإجماليّ. إنَّ أداة واحدة لاكتشاف نغمة السِّفر لن تكون كافية.

٣ معظم الرسائل تتضمَّن بيانًا يوضِّح الغرض من كتابتها كجزء من هيكل الرسالة. لوقا ١: ١- ٤ ويوحنا ٢٠: ٣٠ – ٣١ يصلحان أيضًا كمثالين جيِّدَين على بيان الغرض من الرسالة.

٤- لاحظ البنية والمضمون "محور التركيز"

يقوم المفسّرون الكتابيُّون بخطوة أخرى خلال المرحلة التفسيريَّة من عمليَّة التحضير بالإضافة إلى إعطاء التحكُّم للسياق الكتابيّ، والاستماع إلى نغمة السفر. إذ يعمل المفسِّرون على فهم بنية النصّ الهيكليَّة الذي يعظون منه. فيسألون: كيف نظَّم الكاتب هذا النصّ؟ ماذا يخبرنا هذا التنظيم عن المضمون الذي قصد الكاتب التشديد عليه؟

علَّق مورتيمر أدلر Mortimer Adler في كتابه بعنوان "كيف تقرأ كتابًا؟" قائلاً:

> "يتمتَّع كلُّ كتاب بهيكل بين غلافيه. ومهمَّتك كقارئ تحليليّ هي أن تجد هذا الهيكل. يأتي الكتاب إليك بلحم على عظمه، وملابس على جسده، أي أنَّ الكتاب يأتي مرتديًا ملابسه بالكامل. وعليك أن تقرأ الكتاب بعينين أشبه بالأشعة السينيَّة، لأنَّ فهم بنية أيّ كتاب هو جزء ضروريّ لفهمنا الكتاب."[٤]

إن كان أدلر على حقٍّ، إذًا لن تستطيع فهم فكرة النصّ ما لم تفهم بنية هيكل الكتاب. بعبارة أخرى، يتطلَّب التفسير الكتابيّ الجيِّد منك أن ترى بنفسك عظام النصّ وما بها من نخاع.

عظام

4 Mortimer Adler and Charles Van Doren, *How to Read a Book: The Classic Guide to Intelligent Reading* (New York: Touchstone, 1940), 75.

وفي ما يتعلَّق بالوعظ، يمكننا أن نقول المزيد:

- لكلِّ نصٍّ بنية.
- البنية تكشف عن المضمون أو محور التركيز.
- ينبغي أن تخضع عظتي لبنية النصّ ومحور تركيزه.

هذا الجانب من التفسير يعود بنا إلى تعريف الوعظ التفسيريّ الذي تحدَّثت عنه في المقدِّمة. إنَّه وعظ ذو سلطان يُخضِع بنية العظة ومحور تركيزها لبنية النصّ الكتابيّ ومحور تركيزه.

هذه هي المشكلة التي يواجهها معظمنا؛ فنحن نقف لنعظ دون فهم بنية النصّ الهيكليَّة. ونتيجة لذلك، لا نعرف معنى النصّ بوضوح، وحين ننزل من على المنبر بعد انتهاء العظة، لا يكون الشعب في حال أفضل منا. كيف نعرف إذًا بنية النصّ؟

استخدم أساليب القراءة الناجحة في كلِّ مكان

عند محاولة التعرُّف على بنية النصّ الكتابيّ، ستحتاج إلى البدء بأساليب بسيطة نافعة بغضِّ النظر عن الجزء الذي تقرأه من الكتاب المقدَّس.

أوَّلاً، استعن بترجمة حرفيَّة للنصّ إن كانت متوفِّرة لديك. وإن توفَّرت لديك أكثر من ترجمة بلغتك، اختر الأكثر حَرفيَّة. عمومًا، تفسِّر الترجمة الحرفيَّة، مقارنة بالترجمة التفسيريَّة، معنى كلّ كلمة على حدة على نحو أكثر اتِّساقًا، ممَّا يجعل العظام أكثر وضوحًا للرؤية. بناء عليه، ما من ترجمة واحدة بمفردها يمكنها أن تحقِّق ذلك تمامًا. قد يكون مفيدًا أن تستشير عددًا من الترجمات. والآن، لا تسِئ فهم فكرتي. فنحن نتكلَّم عن التحضير الشخصيّ الذي يركّز على التعرُّف على بنية النصّ. وفي ما يتعلَّق بالوعظ، قد تتعدَّد الأسباب الجيِّدة لاستخدام الترجمة الحرفيَّة.

ثانيًا، إن كنت حظيت بفرصة دراسة اللغات الأصليَّة، استعن بها. فقد ساعدني كثيرًا أن أعمل ترجمتي الخاصَّة للنصّ. تبطئ هذه العمليَّة تقدُّمي، ولكنِّي ما ألبث أن أرى ما يفعله الكاتب، وكيف يرتبط كلُّ جزء بالوحدة الأكبر منه.

ثالثًا، اقرأ النصّ وأعد قراءته أكثر من مرة ببطءٍ وبصوتٍ عالٍ. وكلَّما صرفت وقتًا أكثر في قراءة النصّ، ستفهمه بشكل أفضل وتفهم بنيته.

رابعًا، فيما أنت تقرأ، ابحث عن الكلمات، والعبارات، والأفكار المتكرِّرة. إذا كان الهدف هو التعرُّف على البنية ومحور التركيز، فإنَّ التعبيرات المتكرِّرة ستكون عادة أدلَّة أو مفاتيح لفهم المضمون.

اعرف النوع الأدبيّ للسّفر الذي تدرسه

على الرغم من نجاح بعض الاستراتيجيَّات جيِّدًا في جميع أجزاء الكتاب المقدَّس، في الحقيقة، لا تعمل كلُّ الأنواع الأدبيَّة بالطريقة نفسها. فلا يُنصح بالإمساك بجريدة وقراءتها بالأدوات نفسها التي تقرأ بها قصيدة شعريَّة. ولا يُنصح بقراءة رواية بطريقة قراءة وصفة إعداد الطعام. كذلك يجب ألا تقرأ كلَّ سفر من الكتاب المقدَّس بالطريقة نفسها.

يحتوي الكتاب المقدَّس على أنواع أدبيَّة مختلفة: الأدب الروائيّ في العهد القديم، والنبويّ، والأخرويّ، والحكمة، والشِّعْر، والرسائل، والأناجيل، وسفر أعمال الرسل. ومن ضمن هذه الأنواع الأدبيَّة المختلفة، لديك ثلاثة أنواع أساسيَّة من النصوص: **الخِطاب**، **والرواية**، **والشعر**. كقاعدة عامة، لن تكتشف بنية المزمور (الشعر) باتباع استراتيجيَّات القراءة نفسها التي تستخدمها مع الإنجيل (الذي هو في الغالب رواية أو خِطاب). ستساعدك

معرفة كيف تعمل أنواع النصوص المختلفة على معرفة أيَّة أدوات هي الفضلى لفهم النصوص وتفسيرها.

الخطاب عمومًا هو مادَّة شفهيَّة، ويتميَّز بأنَّه منطقيّ، وخطّي، ونجده بطريقة ملحوظة في الرسائل. وكذلك نجده في الأسفار التاريخيَّة في العهد القديم، وفي الخطابات الموجودة في الأسفار النبويَّة والأخرويَّة، وفي العظات بالأناجيل وسفر أعمال الرسل. ومن أجل التعرُّف على البنية في الخطاب، سيفيدنا أن نكتب النصّ على ورقة دون تقسيمه إلى فقرات أو أعداد للآيات، أي دون تلك الأدوات التي أضافها المحرِّرون لاحقًا لنسخ الكتاب المقدَّس التي بين أيدينا. هذا ما أُسمِّيه إخراج النصّ من الكتاب المقدَّس. وتتمثَّل الأشياء المهمَّة التي ينبغي البحث عنها في القواعد النحويَّة. ابحث عن الكلمات أو العبارات المتكرِّرة، والكلمات الرئيسيَّة، والكلمات الانتقاليَّة، وسريان الأفكار، والعلاقات اللغويَّة، والجُمَل المستقلَّة والجُمَل التابعة، وما إذا كان النصّ قد كُتب بضمير المتكلم المفرد (أنا) أو ضمير المخاطَب المفرد (أنت) أو ضمير المخاطَب الجمع (أنتم) أو ضمير الغائب (هو)، وما إذا احتوى على أسئلة أو جُمَل خبريَّة أو جُمَل أمريَّة (صيغة الأمر)، وغير ذلك من السمات اللغويَّة المُشابهة. هذا ما يمكن أن نسمِّيه رسم مخطَّط الجملة. إن استخدمتَ هذه الأدوات استخدامًا صحيحًا، ستجد عادة بنية النصّ ومحور تركيزه.[5]

الأدب الروائيّ عبارة عن قصَّة، وتميل القصص إلى اتِّباع بنية يمكن تمييزها بوضوح. بالتالي، مع أنَّ التركيز على قواعد اللغة يمكن أن يكون مفيدًا في تفسير الرسالة، فإنَّ **المشاهد**، **والحبكة الدراميَّة**، **والشخصيَّات**، تساعد الواعظ في التعرُّف على بنية الرواية ومحور تركيزها. إنَّ التعرُّف

5 See Eugene Moutous, Drawing Sentences: A Guide to Diagramming (Louisville: Butler Books, 2010).

على المشاهد المختلفة، على سبيل المثال، حيث يتغيَّر المشهد بتغيُّر مكان النشاط في نصّ الرواية، من المرجَّح أن يكون أفضل نقطة بداية. وإن استخدمت لعظتك مقاطع روائيَّة أطول، فتَغيُّر المشاهد سوف يكشف مبدأً تنظيميًا. عليك أن تبحث داخل تلك المشاهد (وأحيانًا عبر المشاهد)، عن الحبكات الروائيَّة التي تتكوَّن عادة من خمسة أجزاء:

- **البيئة**: تتضمَّن عادة المكان، والزمان، والموسم، وتقديم الشخصيَّات.
- **الصراع/الحبكة**: هو الجزء الذي يُقدِّم توتُّرًا دراميًّا وشعورًا بوجود مشكلة تحتاج إلى حلٍّ. وقد يكون واضحًا جدًّا (كتهديد عنيف)، أو قد يكون دقيقًا جدًّا (كاضطراب عاطفيّ).
- **الذُّروة**: هي نقطة تغيُّر الاتِّجاه أو التحوُّل، حيث ينفجر التوتُّر الدراميّ.
- **الحلّ**: تنتهي به الذروة، ويتناول كيف تمَّ حلُّ الصراع.
- **البيئة الجديدة**: هي العودة إلى الوضع الطبيعيّ الجديد الذي تنشأ منه الحبكة التالية.

عند محاولة التعرُّف على هذه الأجزاء من الحبكة، إنَّ الأسئلة المهمَّة التي ينبغي طرحها هي: ما هو الصراع هنا؟ ما الذي يخلق توتُّرًا دراميًّا؟ ما هي نقطة التحوُّل؟ كيف تمَّ حلُّ التوتُّر؟ أرى أنَّ المضمون الذي تريد الرواية تأكيده كائنٌ في توليفة معينة بين الذروة، وأجزاء من **الصراع والحلّ**.

إنَّ فهم كيفيَّة تصوير المؤلِّف شخصيَّات الرواية، هو بالطبع أحد العناصر المهمَّة. لاحظ أيَّة شخصيَّات يقدِّمها المؤلِّف ومتى. ولاحظ كيف تتغيَّر. وانتبه إلى كيفيَّة انتقال المؤلف ذهابًا وإيابًا بين هذه الشخصيَّات. إذا أدركت جيِّدًا الحبكة والشخصيَّات، ستدرك جيِّدًا بنية الرواية ومحور تركيزها.

الشِّعر هو النوع الثالث من النصوص. نجد معظم الأجزاء الشعريَّة في الكتاب المقدَّس في أسفار الحكمة والأسفار النبويَّة في العهد القديم. للتعرُّف على البنية، عليك أن تتأمَّل تكرار الكلمات، أو المقطع الشعريّ بكامله (على سبيل المثال، مزمور ٤٢ و٤٣ مبنيّان على المقطع الذي مطلعه "لِمَاذَا أَنْتِ مُنْحَنِيَةٌ يَا نَفْسِي؟") ستحتاج أيضًا أن تفكِّر في التغيُّرات التي تحدث في اللغة المجازيَّة والأساليب اللغويَّة (مثل: التحوُّل في ضمير المتكلِّم أو في وجهات النظر). ولكن من المحتمل أن تكون الأداةُ الأكثر نفعًا لتتعرَّف على البنية ومحور التركيز في الأدب الشعري هي ملاحظة كيف يعمل التوازي في النصّ، وبخاصَّة الانتقال بين أنواع التوازي في النصّ.

التوازي هو مصطلح تقنيٌّ يُستخدم لوصف إحدى سمات الشعر العبريّ، حيث نجد أنَّ الأبيات كثيرًا ما تظهر في أزواج (وأحيانًا ثلاثيَّات) مقترنة أو مترابطة بعضها ببعض بطرق خاصة. وقد يكون البيت الثاني تكرارًا للفكرة العامة نفسها التي في البيت الأول، وربَّما يقوم فقط بتوسيعها قليلاً. وقد يناقض البيتُ الثاني البيتَ الأول أو ينفيه، أو يضادُّه. وقد يُكمل البيت الثاني فكرة البيت الأول. تشير هذه العلاقات المختلفة بين البيت الأول والثاني إلى أنواع مختلفة من التوازي. وستساعدك رؤية التحوُّل في التوازي على التعرُّف على بنية النصّ ومحور تركيزه.

خطورة أن تظنّ أنَّك قد انتهيت

تُعدُّ معالجةُ كلٍّ من الاستراتيجيَّات العامَّة والاستراتيجيَّات المرتبطة بخصائص النوع الأدبيّ الجيِّدة، بدايةً ممتازة للتعرُّف على بنية النصّ ومحور تركيزه. ويعدُّ التعرُّف على سياق السِّفر ورسالته جانبًا من جوانب التفسير على القدر نفسه من الأهميَّة. تذكَّر أنك بحاجة إلى:

١. أن تعطي السياق الكتابيّ، وليس سياقك أنت، حقَّ التحكُّم في معرفة معنى النصّ.
٢. أن تصغي بانتباه حتَّى تعرف كيف يتلاءم النصّ مع رسالة السِّفر الإجماليَّة.
٣. أن تلاحظ بِنية النصّ ومحور تركيزه.

بناء على ما سبق، لا أعتقد أنَّك جاهز للوعظ بعد. فالتفسير وحده لا يكفي؛ فإذا قمنا به بمعزل عن الخطوات الأخرى، سيقودنا إمّا إلى الوعظ العقلانيّ الأكثر من اللازم، وإمّا إلى الوعظ الذي يستخدم أسلوب الأمر.

يحدث الوعظ العقلانيّ حين تَجعل قرّاء الرسالة الأصليِّين (الأوائل) موضع اهتمامك القاطع. وهذا ما يحدث حين تأخذ نصًّا ذا صلة قويَّة وعميقة بالمستمعين، وتجعله غير ذي صلة، وذلك بأن تكتب عظات تُقرأ على نحو يُشبه كتب التفسير الأكاديميَّة. فتتوقف عند الشرح التفسيريّ، وينتهي بك الأمر إلى إنتاج خطابات مملة، ومُزوَّدة جيدًا بالاقتباسات والحواشي لكنَّها بلا تأثير.

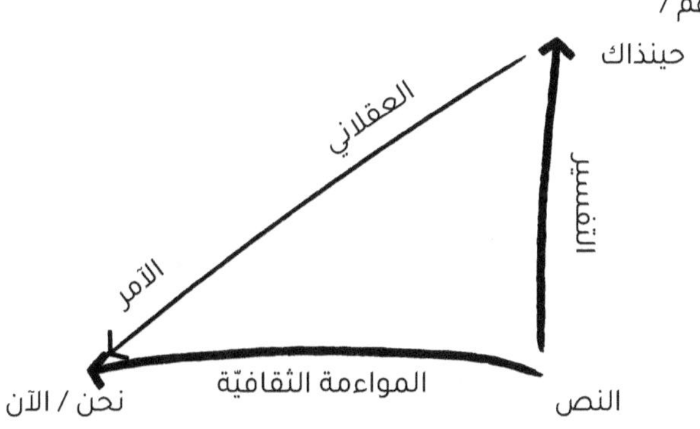

أُقابِل هذا النوع من الوعظ خصوصًا بين الوعَّاظ الشُبَّان الذين يرتكبون خطأ الظنّ بأنَّ العظة هي –كما يقول صديقي مايك بولمور– حاوية تخزين لكلٍّ ما تعلَّموه عن النصّ هذا الأسبوع. حسنًا، العظة ليست كذلك. أنت تحتاج ببساطة إلى تجنُّب الوعظ بتلك العظات المفرطة في العقلانيَّة.

خطر التفسير المنعزل الآخر هو أن نصبح وعَّاظاً لا يستخدمون سوى صيغة الأمر. والكتاب المقدَّس مليء بالأوامر والوصايا ذات الصلة، لكن يمكن أيضًا تطبيق الأوامر التي بدون سياق كتابيّ ولاهوتيّ سليم، بطرق خاطئة جدًّا. ولعلَّ أكثر أشكال هذه الممارسة خطورة، عندما نتجاهل مرحلة التفكير في جانب النصّ اللاهوتيّ (وهو ما سندرسه في الفصل التالي). إن لم نفكِّر جيِّدًا في سياق رسالة الإنجيل في الكتاب المقدَّس ككلٍّ، فحتَّى أفضل الأوامر تفسيرًا تتحوَّل إلى مواعظ أخلاقيَّة؛ مما يعزِّز ثقافة التمسُّك بحرفيَّة الناموس في كنائسنا.

يعني كلُّ هذا أنَّ التفكير في جانب النصّ اللاهوتيّ يستحقُّ أن يوضع بعين الاعتبار، وهذا يقودنا إلى الخطوة التالية من خطوات تحضير العظة.

٣

التفكير في جانب النصّ اللاهوتيّ

كما رأينا في نهاية الفصل السابق، يصبح الوعظ التفسيريّ الذي يتوقَّف عند التفسير، مجرَّد وعظ عقلانيّ أو أمريّ على نحو مفرط. وهكذا تصبح العظة أكاديميَّة أو أخلاقيَّة. لا تزال المرحلة التالية من مراحل إعداد العظة المتمثِّلة في التفكير في جانب النصّ اللاهوتيّ، ضروريَّة. دون هذه الخطوة، لن تكون جاهزًا بعد للوعظ.

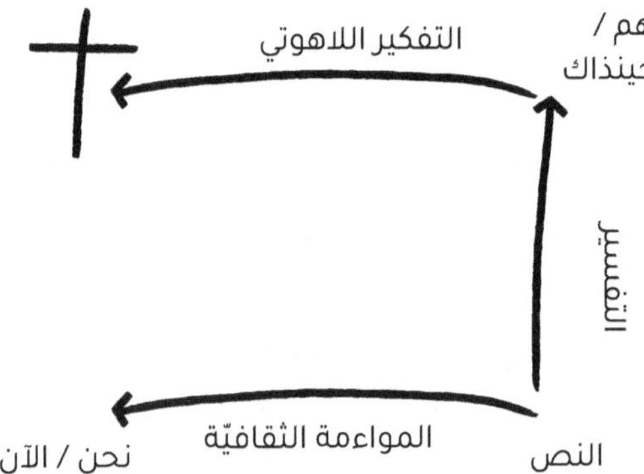

ما هو التفكير اللاهوتيّ؟ ببساطة هو منهج دراسيّ دقيق وتعبديّ حيث يصرف الشخص وقتًا للتأمُّل في النصّ المراد دراسته، وعلاقة ذلك النصّ بخطَّة **الله** للفداء. إنَّه تدريب يطرح السؤال التالي: "كيف ترتبط هذه الفقرة بالكتاب المقدَّس ككلٍّ وخصوصًا مع أعمال **الله** الخلاصيَّة في يسوع؟"

قراءة الكتاب المقدَّس بفطرة يسوع

انضمَّ يسوع بعد قيامته لاثنين من تلاميذه دون أن يُفصح لهما عن هُويته في رحلة طولها سبعة أميال سيرًا على الأقدام إلى قرية صغيرة اسمها عمواس. وفيما كانوا يسيرون، أوضح يسوع للتلميذَيْن ما كتبه موسى والأنبياء –أي كلّ الأسفار المقدَّسة– عن المسيح (لوقا ٢٤: ٢٥ – ٢٧). وفي وقت لاحق، في تلك الليلة، انضمَّ إلى بقيَّة التلاميذ الأحد عشر وفعل ذلك مرة أخرى، "وَفَتَحَ ذِهْنَهُمْ لِيَفْهَمُوا الْكُتُبَ"، وليروا أن ما كُتِبَ عنه في ناموس موسى، والأنبياء، والمزامير لا بدَّ أن يتحقَّق (ع٤٤، ٤٥). وقال أيضًا لهؤلاء الرسل إنَّهم سيكونون شهودًا ويأخذون هذه الرسالة ويعظون بها العالم أجمع، بدءًا من أورشليم. وتُسجِّل الأناجيل، وسفر أعمال الرسل، والرسائل، هذه الرسالة.

يوجد مبدأ هنا في ما قاله يسوع. يدور كلٌّ من العهد القديم والعهد الجديد بالكامل حول يسوع والأمور المتعلِّقة به. يشير العددان ٤٦، و٤٧ إلى تلك الأمور الخاصة به: "هَكَذَا هُوَ مَكْتُوبٌ وَهَكَذَا كَانَ يَنْبَغِي أَنَّ الْمَسِيحَ يَتَأَلَّمُ وَيَقُومُ مِنَ الأَمْوَاتِ فِي الْيَوْمِ الثَّالِثِ وَأَنْ يُكْرَزَ بِاسْمِهِ بِالتَّوْبَةِ وَمَغْفِرَةِ الْخَطَايَا لِجَمِيعِ الأُمَمِ مُبْتَدَأً مِنْ أُورُشَلِيمَ" (قارن "الألم" و"المجد" في لوقا ٢٤: ٢٦). وللتأكُّد من ذلك، نجد الكثير من العمق في هذه الجملة القصيرة. إنَّ حكم الملكوت المتضمَّن في كلمة "مسيًّا" والشمول الموجود في "جميع الأمم" أفكارٌ غنيَّة إلى أبعد حدٍّ. ومع ذلك، تُشكِّل هذه الجملة البسيطة جوهر رسالة الإنجيل التي كانت على الأقلّ بالنسبة إلى يسوع موجودة في كلِّ مكان في الكتاب المقدَّس. إنَّها تربط الكتاب المقدَّس كوحدة واحدة، ويجب أن تخبرنا كيف ينبغي التعامل مع الكتاب المقدَّس.

قراءة الكتاب المقدس بفطرة بولس

من المهمِّ معرفة أنَّ ممارسة إثبات المسيح في كلِّ الكتاب المقدَّس لم تنتهِ عند يسوع. فبولس يعطينا مثالاً على هذه الممارسة. نقرأ في سفر أعمال الرسل، أن بُولُس: "دَخَلَ إِلَيْهِمْ حَسَبَ عَادَتِه وَكَانَ يُحَاجُهُمْ ثَلاَثَةَ سُبُوتٍ مِنَ الْكُتُبِ مُوضِّحًا وَمُبَيِّنًا أَنَّهُ كَانَ يَنْبَغِي أَنَّ الْمَسِيحَ يَتَأَلَّمُ وَيَقُومُ مِنَ الأَمْوَاتِ وَأَنَّ هذَا هُوَ الْمَسِيحُ يَسُوعُ الَّذِي أَنَا أُنَادِي لَكُمْ". (١٧: ٢، ٣). ويُسجِّل سفر الأعمال لغة مشابهة لهذه حين كان بولس في أثينا (١٧: ١٧)، وكورنثوس (١٨: ٤)، وأفسس (١٨: ١٩؛ ١٩: ٨).

كانت ممارسة بولس واعية ودقيقة، لذلك تُخبرنا بما يلزم أن نفعله عند قراءتنا الكتاب المقدَّس. **أوّلاً**، تميَّزت طريقة بولس في الوعظ بالمسيح من كلِّ الأسفار المقدَّسة بمهارات التفكير المنطقيّ، والبرهان، والإقناع. يتمتَّع كلٌّ من هذه المصطلحات بخلفيَّة غنيَّة من فلسفة الأخلاق الهيلينيَّة، ويُفصح عن ممارسة دقيقة ومدروسة جيِّدًا. **ثانيًا**، استخدم بولس هذه الأدوات في سياقات مختلفة: في المجمع، وفي السوق، وأمام جمهور من اليهود ومن اليونانيِّين. لم تكن هناك طرق مُختَصَرة لجمهور أو آخر. **ثالثًا**، وجد بولس طرقًا للوعظ بهذا الإنجيل نفسه في أماكن أخرى لم يكن يُفترض وجود أيَّة معرفة كتابيَّة مسبَّقة فيها. وتوجد طريقة لوعظ الذين يفتقرون إلى الخلفيَّة والمصطلحات الكتابيَّة.

كان بولس، على غرار يسوع، مؤمنًا بأنَّ الكتاب المقدَّس يشير إلى موت يسوع وقيامته. علاوة على ذلك، تدلُّ هذه الجوانب الثلاثة من خدمة بولس على أنَّ التفكير اللاهوتيّ مهمةٌ تتطلَّبُ عملاً شاقًا.

قراءة الكتاب المقدس بفطرة سبرجن

قد يكون من المفيد أيضًا دراسة طريقة شخصيَّة أكثر حداثة في قراءة الكتاب المقدَّس، وتضع يسوع في المركز. عبَّر تشارلز هادون سبرجن Charles Haddon Spurgeon، الواعظ المعمدانيّ العظيم، والملقّب بأمير الوعَّاظ، عن فهمه هذه الفكرة على النحو التالي:

> "ألا تدرك أيها الشابُّ، أنَّ من كلِّ مدينة ومن كلِّ قرية وكلِّ كورة صغيرة في إنكلترا، أينما كان، يوجد طريق إلى لندن؟ وهكذا، من كلِّ نصٍّ من الكتاب المقدَّس يوجد طريق إلى المسيح. ويا أخي العزيز، إنَّ مهمَّتك حين تقرأ نصًّا ما، أن تقول: "الآن، ما هو الطريق إلى المسيح؟" لم أجد نصًّا قطُّ ليس فيه طريق إلى المسيح، ولم أُحسن عملاً قطُّ ما لم أشتَمَّ رائحة المسيح فيه."[1]

كان سبرجن يتمتَّع بالحافز الصحيح، فهو يسأل: كيف يتطلَّع هذا النصّ إلى الإنجيل ويرتبط به؟ ومع أنِّي لا أتفق مع سبرجن دائمًا في الكيفيَّة التي وصل بها إلى الإنجيل في عظاته من النصوص الكتابيَّة التي كان يعظ منها، لكنَّ السؤال الذي طرحه صحيحٌ. وكيفيَّة إجابتنا عن هذا السؤال مهمة جدًّا إلى أبعد حدٍّ.

إنَّ تعلُّمَك التفكير في نصِّك المحدَّد من حيث علاقته بيسوع وبالإنجيل، يتطلَّب فهمًا نشطًا لما لا يقلُّ عن ثلاث طرق دراسيَّة مميزة ومؤثِّرة. لن يمكنك أن تصبح مفسِّرًا بدونها وهي: **المنهج التاريخيّ-النقديّ، واللاهوت الكتابيّ، واللاهوت النظاميّ.**

---

1 Charles Haddon Spurgeon, "Christ Precious to Believers" (sermon, Music Hall, Royal Surrey Gardens, March 13, 1859), http://www.spurgeon.org/sermons/0242.htm

التحدّي في المنهج التاريخيّ-النقديّ

إن كنتَ تدرس في سياق أكاديميّ مثلي، فمن المحتمل أنَّ ضوءًا أحمر قد بدأ يومض في ذهنك بمجرَّد أن قرأتَ كلمة لاهوتيّ في الفقرة الأولى من هذا الفصل. وينبغي حقًّا أن يومض. في جوهر الأمر، يثير اللاهوت مشكلة التاريخ. هذا معناه أنَّنا كثيرًا ما لا نعطي الاحترام الواجب للجانب التفسيريّ من عملنا، فلا نتعامل بجديَّة مع التواريخ والأماكن التاريخيَّة التقليديَّة. ونتخلَّى عن هذا الجانب لصالح التفكير في الجانب اللاهوتيّ المُبسَّط بإفراط، وإمَّا أن نعظ بإنجيل سطحيّ يضاف إلى النصّ الذي نعظ منه، أو نعظ بعقيدة بدلاً من النصّ. هكذا نكون أخطأنا الطريق جدًّا، على الأقل إن وَعَظْنا بها أسبوعيًّا، حيث تمحو العلاقة بين المسيحيَّة والتاريخ.

إنْ وعَظْنا بطريقة تتعامل مع موقف المقطع الكتابيّ التاريخيّ في العهد القديم باعتباره عديم الصلة ومجرد نقطة انطلاق للإنجيل، فإننا نُعلِّم أن الكتاب المقدَّس في واقع الأمر غير مهتمٍّ بالتاريخ. وبالتالي، يصبح التاريخ متعارضًا مع العقيدة اللاهوتيَّة. وببلوغنا هذه المرحلة، نكون على بعد جيل واحد من رؤيتنا للقيامة باعتبارها فكرة مجرَّدة وروحيَّة وليست حقيقة تاريخيَّة. إنَّنا نبعد جيلاً واحدًا فقط عن رؤية الكتاب المقدَّس باعتباره مجموعة أساطير ذات هدف أخلاقيٍّ عوضًا عن الحقّ.

بعِبارة أخرى، من المحتمل جدًّا لجيل جديد من الوعّاظ الإنجيليِّين، بدافع الوعظ بالمسيح من الكتاب المقدَّس بالكامل، أن يحطِّموا الأساس نفسه الذي يقوم عليه الوعظ المسيحيّ.

هذا الاهتمام بالتاريخ ليس جديدًا. فقد أثار جون أوين John Owen هذه القضيَّة حين نشر الطبعة الأولى من كتابه "اللاهوت الكتابيّ" باللغة اللاتينيَّة في عام ١٦٦١م. كان جون أوين قسِّيسًا ولاهوتيًّا في إنكلترا

في القرن السابع عشر. وتتناول الفصول الثلاثة الأولى من كتابه فكرة "اللاهوت" باعتباره شيئًا يتمُّ فرضه على نصِّ الكتاب المقدَّس وتاريخه. ولا يزال هذا القلق موجودًا معنا اليوم. فبعض كليَّات اللاهوت الأكاديميَّة البارزة (بما فيها واحدة في الحيِّ السكني الذي أقطن به)، لا يزال يرفض دعوة أي "لاهوتيّ" للكليَّة لهذا السبب.

كان **جيمس بار** James Barr –أستاذ العهد القديم– واحدًا من أكثر النقَّاد وضوحًا وبراعة بشأن الرغبة المسيحيَّة في قراءة كلِّ شيء من خلال عدسة يسوع. وقد كتب **جيمس بار** معظم أعماله في النصف الثاني من القرن العشرين. إنَّه ينظر إلى الوعظ المسيحيّ (أو الذي مركزه المسيح) بارتياب لأنَّ ذلك الوعظ كثيرًا ما لا يسمح للعهد القديم بأن يتحدَّث عن نفسه. بل بالأحرى تُجْلَبُ المسيحيَّة إليه أو تَفرِض عليه الكثير، وبالتالي، يجعل العهد القديم يصمت.

يرى جيمس بار: "إن كانت المسيحيَّة بالفعل مفروضة على العهد القديم، سيكون تأثيرُ ذلك هو التقليلَ من قيمة العهد القديم بالنسبة إلى المسيحيَّة وتأثيره عليها. ينبغي أن يثمر العهد القديم نتائج مسيحيَّة، لكن يجب ألا نجعله مسيحيًّا أي ألا نغمره بالطابع المسيحي. ولكن هل يمكن فعل هذا؟".[٢]

بقدر ما هو متشكِّك، لا يزال جيمس بار يصيغ هذا الصراع على شكل السؤال التالي: "هل يمكن فعل هذا؟ هل يمكن أن نعظ من مقاطع العهد القديم باعتبارها نصوصًا مسيحيَّة، دون التقليل مما تعنيه في قرينتها الأصليَّة؟" يطرح جيمس سؤالاً مهمًّا للغاية.

2 James Barr, *The Concept of Biblical Theology: An Old Testament Perspective* (London: SCM Press, 1999), 253-54.

لا يسعني إلاَّ أن أتخيَّل مع جيمس بار الطريقة المفرطة في التبسيط التي يستخدمها بعض الوعَّاظ المسيحيِّين في التعامل مع رؤية **الله** في (حبقوق ٣). في هذا الأصحاح يظهر **الله** بنور لامع مُتسربل بزيِّ المحارب المنتصر. وبينما ينزل إلى الأرض، يصنع **الله** خلاصًا مُعجزيًّا لشعبه الذي عانى طويلاً تحت طغيان أعدائه الأرضيِّين. فيأتي المفسِّر المبتدئ، الذي يتَّصف بتمسُّكه الأعمى بالوعظ المتمركز حول المسيح، ويقول إن هذا النصَّ قد تحقَّق في يسوع الذي يصنع خلاصًا عظيمًا للخطاة. لكن يأتي جيمس بار ويسأل: "بأيِّ حقٍّ، أيها المفسِّر المسيحيّ، تعلن أنَّ وعد **الله** لإسرائيل في ما يتعلَّق بأعدائه الأرضيِّين، يشير في الحقيقة إلى انتصار جميع الذين كانوا تحت سلطان العدو الروحيّ؟" ألعلَّ هذا الواعظ الشاب قد تجاهل التاريخ لصالح إيمان "مُرَوْحَن"؟ ألعلَّه أخلى النصَّ من قرينته التاريخيَّة؟

هذا المثال من حبقوق ٣ يعود بنا إلى السؤال عمَّا إذا كان يمكن للوعَّاظ أن يربطوا مقاطع العهد القديم بالمسيح دون أن يقلِّلوا ممَّا كانت تعنيه تاريخيًّا للمستمعين الأوائل. هل من طريقة سليمة تتبع المبدأ الذي أسَّسه يسوع في لوقا ٢٤، بأنَّ كلَّ الأسفار المقدَّسة لها صلة برسالة إنجيله، ومع ذلك لا يُخلِي النصَّ من قرينته التاريخيَّة؟ بالتأكيد يمكننا أيضًا أن نطرح هذا السؤال عن العهد الجديد. من السهل للغاية أن نَضيع في القرينة التاريخيَّة ليهوديَّة الهيكل الثاني، أو الخلفيَّات اليونانيَّة–الرومانيَّة، ولا نطرح البتَّة السؤال التالي: "كيف يتَّصل النصُّ حقًّا بالإنجيل؟" إنَّ صعوبة المنهج التاريخيّ النقديّ تدور حول **كيف**. كيف نفكِّر لاهوتيًّا في النصّ الكتابيّ دون التنازل عن أمانته التاريخيَّة؟

أوَّل كلِّ شيء، يجب أن يبدأ هذا السؤال الخاصُّ بالتفكير اللاهوتيّ بالصلاة. وهذا معناه أنّ "مهمَّة" التفكير اللاهوتيّ لا يمكن إنجازها سوى

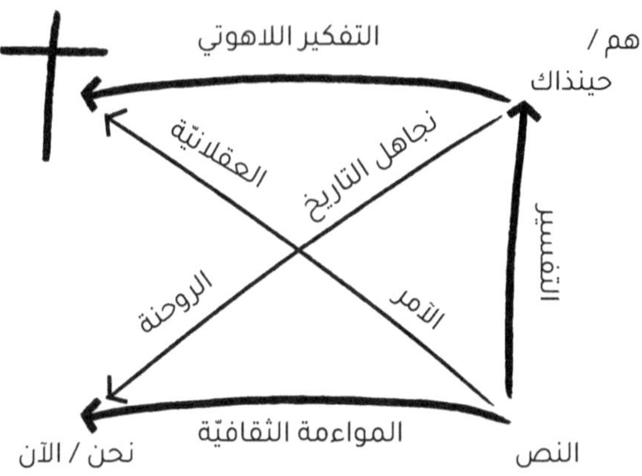

عن طريق الصلاة. هنالك ارتباط وثيق بين إعلان هُويَّة المسيح، أي: رؤيته بصفته تحقيق الكتاب المقدَّس، ولحظات الصلاة في سكون.

عملَ لوقا هذا الربط في عدد من المناسبات. عندما أجاب بطرس عن سؤال يسوع: "مَنْ تَقُولُ الْجُمُوعُ إِنِّي أَنَا؟" قائلاً: "مَسِيحُ اللهِ"، أخبر لوقا القرّاء للتوّ بأنَّ يسوع كان يصلِّي منفردًا (لوقا ٩: ١٨ – ٢٠). بعبارة أخرى، يريد لوقا من قرّائه أن يعرفوا أنَّ يسوع قد أُعلن لبطرس في سياق الصلاة. وقبل التجلِّي، عندما أُعلن يسوع في مجده بصفته الابن، المختار، اصطحب يسوع بطرس ويعقوب ويوحنا إلى الجبل ليصلِّي (لوقا ٩: ٢٨ – ٣٦). وبالعودة إلى بداية الإنجيل، يُعرِّف لوقا سمعان وحَنَّةَ بأنَّهما إنسانان متعبِّدان تقيَّان، وهما تصريحان يسبقان مباشرة إعلان الله يسوع المسيح لهما (لوقا ٢: ٢٧، ٣٧؛ قارن ٢: ٢٨ – ٣٢، ٣٨). وحتّى حين أعلن الله هويَّة يسوع عند معموديَّته، سجَّل لوقا أنَّ السماوات قد انفتحت وأنَّ الله قد تكلَّم، مُعلنًا أن يسوع ابنه. وسجَّل لوقا أنَّ السماوات قد انفتحت في اللحظة التي كان يسوع يصلِّي فيها (لوقا ٣: ٢١، ٢٢).

لم يكن ممكنًا للوقا أن يكون أوضح من ذلك: فالله قد أعلن يسوع للشعب نتيجة للصلاة. وبالتالي، إن كنَّا حقًّا نريد أن يُعلَنَ يسوع في عظاتنا، وإن كنَّا نريد أن نكشف عن يسوع بصفته مركز كلّ الأسفار المقدَّسة، علينا أن نبدأ عمليَّة تحضيرنا العظة بالصلاة. حينها فقط يمكننا أن نبدأ مرحلة جادَّة من التفكير اللاهوتيّ في النصّ. وحينها فقط يمكننا أن ننتقل إلى خطوَتَيِّ اللاهوت الكتابيّ واللاهوت النظاميّ.

فائدة اللاهوت الكتابيّ

يطالبنا اللاهوت الكتابيّ بصفته فرعًا من فروع المعرفة اللاهوتيَّة بأن نتراجع إلى الوراء لنرى الصورة الكبرى، التي تعلن ما قاله الله وعمله، ولنرى كيف يتَّصل الكلُّ بالنقطة المركزيَّة لإعلانه الإلهيّ: موت ابنه وقيامته. أحيانًا أُعرِّف هذا الفرع بصفته طريقة لقراءة الكتاب المقدَّس تتبع الإعلان المتدرِّج عن خطة الله لفداء البشر في المسيح.

يُعدُّ اللاهوت الكتابيّ جزءًا ضروريًّا من الوعظ لأنه يمنع الوعظ من أن يكون مجرَّد وعظ عقلانيّ أو أخلاقيّ. وللتعبير عن ذلك بإيجابيَّة، إنه يجذبك بطريقة سليمة إلى جوهر الإنجيل المسيحيّ من نصوص معيَّنة في الكتاب المقدَّس، مثلما يوضِّح يسوع في لوقا ٢٤، حين يربط كلَّ الأسفار المقدَّسة بنفسه. فاللاهوت الكتابيّ يحافظ على بقاء الشيء الأساسيّ أساسيًّا.

كيف يعمل اللاهوت الكتابي إذًا؟ كيف نستخدمه بطريقة صحيحة في وعظنا التفسيريّ؟ كيف نستخدم اللاهوت الكتابيّ في تحضير العظات؟ أعتقد يجب الالتزام بإرشادات ثلاثة:

١. الحصول على لاهوت كتابيّ
٢. الاسترشاد بالعهد الجديد
٣. الربط الجيِّد بين نصوص الإنجيل

١- الحصول على لاهوت كتابيّ

لا يمكنك استخدام ما لست تملكه، لذلك لا بدَّ كخطوةٍ أولى أن يكون لديك لاهوت كتابيّ. والطريقة الفضلى للحصول عليه هي قراءة الكتاب المقدَّس بانتظام وبالكامل. لا يمكن لشيء أن يجهِّزك لاكتشاف العلاقات بين النصوص أفضل من امتلاكك معرفة عميقة وداخليَّة بالكتاب المقدَّس بالكامل. اجعل من قراءة الأسفار المقدَّسة بانتظام في روح الصلاة عادةً. وابحث عن جوهر أو نغمة السِّفر في أثناء قراءتك له. وكلَّما صرفت وقتًا في البحث عن الصورة الكبرى، صار استيعابك لها أفضل.[٣]

بالطبع، وأنت تطوِّر لاهوتك الكتابيّ على نحو أوسع، ستظلُّ بحاجة إلى عمل تلك الروابط في تحضير عظتك أسبوعيًا. ولكن تذكَّر يجب فعل ذلك بطريقة تحترم التاريخ والأدب الكتابِيَّيْن. ليس الأمر ببساطة مجرَّد السؤال: "أين يسوع في هذا النصّ؟" فيسوع ليس مختبئًا تحت كلِّ صخرة أو خلف كلِّ شجرة. إنما نحتاج إلى البدء بطرح أسئلة مختلفة قليلاً، على سبيل المثال: يمكنك أن تبدأ بشيء مثل:

---

٣ هناك أيضًا مصادر ثانويَّة للاهوت الكتابيّ. لقد اكتسبتُ مهارة الحصول على اللاهوت الكتابيّ من جيرهاردوس فوس Geerhardus Vos. هذا الرجل كان يفهم الكتاب المقدَّس بالارتباط مع الحقب الزمنيَّة (الحقبة الموسويَّة، والنبويَّة، والعهد الجديد). ثم انتقلتُ من فوس إلى كتاب جوناثان إدواردز Jonathan Edwards "تاريخ عمل الفداء *A History of the Work of Redemption*". لقد قسَّم حبكة القصَّة إلى ثلاث فترات تاريخيَّة أيضًا: من السقوط إلى التجسُّد، من التجسُّد إلى القيامة، ومن القيامة إلى نهاية العالم. بعد ذلك قرأت كتاب غريام غولدزورثي Graeme Goldsworthy "الإنجيل والملكوت *Gospel and Kingdom*". ووجدتُ أنه يرى أن "الملكوت" هو الموضوع المهيمن الذي يربط الكتاب المقدَّس بكامله معًا (أوصي بأن تبدأ بقراءة كتاب غولزورثي). أما إذا كنت تريد أن تبدأ بشيء مبسَّط، فاقرأ كتاب فون روبرتس "صورة الله الكبرى *God's Big Picture*". أمَّا إن كنت تريد قراءة شيء أكثر تبسيطًا فعليك البدء بالكتاب المقدَّس المُصَوَّر الذي يناسب مستوى الأطفال في عمر السادسة *The Big Picture Story Bible*.

- كيف تؤثر رسالة الإنجيل في فهمي لهذا النصّ؟
- كيف يتوقّع هذا النصّ الإنجيل أو يفكّر فيه؟
- غير أنَّ الأسئلة الجيِّدة لن تقوم بالعمل كلّه.

٢- استرشد بالعهد الجديد

أوَّل اللاهوتيّين الكتابيِّين الذين قاموا بتوحيد العهدين هم كُتَّاب العهد الجديد. يصعب أن يقلب المرء أيَّة صفحة من صفحات العهد الجديد دون أن يرى إشارة واضحة إلى شيء من العهد القديم، ناهيك بالتلميحات التي لا تُعَد ولا تُحصى. ومن الواضح أنَّ في هذا مساعدة كبيرة لأيِّ شخص يريد أن ينشغل باللاهوت الكتابيّ. بذلك يصبح العهد الجديد أشبه بمنجم ذهب زاخر بأدوات ومبادئ لتكوين اللاهوت الكتابيّ. حين يشير النصّ المراد تفسيره إلى نصٍّ آخر أو يرتبط به (في العهد نفسه أو خاصّة عبر العهدين)، إذًا، صار لديك بداية جيدة.[٤]

كنت قد أشرتُ في وقت سابق بهذا الفصل، إلى أنَّ طريقة وعظ بولس في سفر الأعمال تدلُّ على حقيقة أنَّ ربط الكتاب المقدس بواقع موت يسوع التاريخيّ وقيامته أمر يتطلَّب تفكيرًا عميقًا ودقَّة. غير أنِّي أعتقد أنَّ النظرة السريعة إلى عظته في أثينا في أعمال الرسل ١٧: ٢٢ – ٣١، تمدُّنا ببعض الأفكار القليلة عن كيفيَّة إجراء مثل هذا الربط. ومع أنَّ عظته لا تفسِّر نصًّا كتابيًّا محدَّدًا، إلّا أنّها تكشف عن شكل الإنجيل في الكتاب المقدَّس. وهذا الشكل ظاهر خصوصًا في الطريقة التي يُسلِّط بولس الضوء بها على بعض المفاهيم والعقائد اللاهوتيَّة.

---

٤ يوجد طريق مُختَصر أفضل، أستخدمه تقريبًا كلَّ أسبوع وهو فهرس (جدول) يأتي مع طبعة Nestle-Aland الثامنة والعشرين. حتَّى إن لم تكن تقرأ اليونانيَّة، هذا الفهرس سيساعدك لأنه يسرد قوائم بكلِّ التلميحات والإشارات الضمنيَّة واستشهادات كتاب العهد الجديد بنصوص من العهد القديم.

المقدِّمة

- يحوّل بولس عناصر ثقافيَّة أيقونيَّة، إلى مداخل للحديث عن **الله** (العددين ٢٢، ٢٣).

جسم الرسالة

- يبدأ بولس من البداية، من خلق **الله** للسماوات والأرض (العدد ٢٤أ).
- ويكشف عن أنَّ مشكلة البشر الكونيَّة هي عبادة الأوثان (العددين ٢٤ب، و٢٥).
- ويشدّد على طبيعة **الله** السرمديَّة ورغبته في أن يكون في علاقة معنا (الأعداد ٢٦ – ٢٨).
- ويعلن أنَّ الإنسان مذنب، وبالتالي يدعو بولس البشر إلى التوبة (العددين ٢٩، و٣٠).

الخاتمة

- يشير بولس إلى يسوع المُقام من بين الأموات باعتباره الشخص الذي ينبغي تقديم الولاء له (العدد ٣١).
- يختم بأنَّ **الله** يدين العالم بالعدل (العدد ٣١).

لم يستغرق الأمر من بولس سوى ثمانية أعداد ليغطِّي من التكوين إلى الرؤيا. وقد انتقل بسهولة من البداية إلى النهاية، من الخلق إلى نهاية الأيام، متحدِّثًا عن **الله** بصفته الخالق، وعن البشريَّة الساقطة، وعن المسيح المُقام من بين الأموات، الذي سيأتي ثانية ليدين المسكونة في يوم محدَّد

في السماء. وهكذا تُقدِّم هذه العظة نموذجًا عن كيفيَّة الوعظ بفاعليَّة بينما ننتقل عبر التاريخ الكتابيّ بكامله بنظرة شاملة وفي مساحة ضيقة. يمكننا تعلُّم الكثير من الطريقة التي كان بولس يستخدمها ويمارسها، أينما كنا في الكتاب المقدَّس.

هاتان الطريقتان الأُولَيَان اللتان تَستخدمان اللاهوت الكتابيّ في تحضير عظاتنا، تُرسِّخ لنا أساسًا مهمًّا. ستحتاج أن تتمتَّع بلاهوت كتابيّ، أي فهم الكتاب المقدَّس ككلٍّ، وكيف تتواءم أجزاؤه كلُّها معًا. ويلزمك أيضًا أن تفهم كيف يرتبط العهد الجديد بالعهد القديم، وكيف يتنبَّأ العهد القديم بالعهد الجديد. ولكنَّك –وهذا مهم– ستحتاج إلى أدوات لربط روابط معيّنة حتَّى حين لا تمهِّد الاستشهادات من العهد القديم الطريق.

٣- اربط جيدًا بين النصّ الكتابيّ ورسالة الإنجيل

إن كان ما عرضته من حجج في الأجزاء السابقة صحيحًا، إذًا، تكمن الصعوبة في تحديد الروابط بين النصّ الذي تعظ منه، ورسالة الإنجيل. وفي ما يلي أربع فئات لربط النصّ برسالة الإنجيل، أعتقد أنها ستُساعدك على البدء في التفكير اللاهوتيّ الكتابيّ:

- تحقيق النبوَّة
- المسار التاريخيّ
- الموضوعات الرئيسيَّة
- التشابهات

لا يمكن إنكار أنَّ هذه الفئات تتداخل في ما بينها بقدر كبير، فلا توجد دائمًا حدود فاصلة وواضحة للتمييز بينها. قد يكون تحقيق النبوَّة من خلال موضوع رئيسيّ أو تشابه. وقد يستخدم التشابه الفكرة الرئيسيَّة.

وقد تتضمَّن الفكرة الرئيسيَّة مسارًا تاريخيًّا. وقد نجد فئات مميَّزة أخرى. وليس الشيءُ المهم هو كيف تُعرِّف تلك المفاهيم والعقائد اللاهوتيَّة وتنظِّمها، بل كيف تربط ربطًا شرعيًّا صحيحًا بين النصّ ورسالة الإنجيل؛ إذ إنَّ هذه المفاهيم والعقائد ليست ببساطة إلاَّ نقطة البداية.

ابحث عن تحقيق النبوّة

من المحتمل أن تكون أوضح الروابط هي تلك الروابط الصريحة. لا شكَّ، أنَّك تعرف أنَّه في مرحلة معيّنة في العهد القديم، قطع الله وعدًا عن المسيَّا الآتي. وفي العهد الجديد، يأخذ الكُتَّاب هذه اللحظات النبويَّة ليوضِّحوا كيف تحقَّقت في هُويَّة المسيح وأعماله.

واحدٌ من أسهل الأمثلة على تحقيق النبوَّة، نراه في استخدام مَتّى كلمة **يكمل أو يتمّم**. في عشرة أو إحدى عشر موضعًا في إنجيل مَتّى، نجده يقتحم الرواية ليدلي بملاحظة مفادها أنَّ يسوع قد تمَّمَ أو كمَّلَ ما تنبَّأ عنه أحد أنبياء العهد القديم. ومنذ الخروج من مصر إلى استخدام يسوع الأمثال (متَّى ٢: ١٤، ١٥؛ ١٣: ٣٥)، تمَّم جزءٌ كبير من حياة يسوع مباشرة نبوّات من العهد القديم. وفي الواقع، أوضح يسوع هذه الفكرة عينها قبيل ذروة رواية الإنجيل.

> "أَتَظُنُّ أَنِّي لاَ أَسْتَطِيعُ الآنَ أَنْ أَطْلُبَ إِلَى أَبِي فَيُقَدِّمَ لِي أَكْثَرَ مِنِ اثْنَيْ عَشَرَ جَيْشًا مِنَ الْمَلاَئِكَةِ؟ فَكَيْفَ تُكَمَّلُ الْكُتُبُ: أَنَّهُ هكَذَا يَنْبَغِي أَنْ يَكُونَ؟ فِي تِلْكَ السَّاعَةِ قَالَ يَسُوعُ لِلْجُمُوعِ: كَأَنَّهُ عَلَى لِصّ خَرَجْتُمْ بِسُيُوفٍ وَعِصِيّ لِتَأْخُذُونِي! كُلَّ يَوْمٍ كُنْتُ أَجْلِسُ مَعَكُمْ أُعَلِّمُ فِي الْهَيْكَلِ وَلَمْ تُمْسِكُونِي. وَأَمَّا هذَا كُلُّهُ فَقَدْ كَانَ لِكَيْ تُكَمَّلَ كُتُبُ الأَنْبِيَاءِ. حِينَئِذٍ تَرَكَهُ التَّلاَمِيذُ كُلُّهُمْ وَهَرَبُوا" (متَّى ٢٦: ٥٣– ٥٦).

تُعدُّ استراتيجيَّةُ مَتّى في رسم خطوط مستقيمة لتحقيق النبوَّات بين العهد القديم ويسوع، بسيطة بما يكفي. تستخدم بشارتا يوحنَّا ولوقا أيضًا هذه الاستراتيجيَّة. وقد أصبحت جزءًا من أسلوب الرسل في الخدمة في الكنيسة الأولى. على سبيل المثال، تتضمَّن عظة بطرس في أعمال الرسل ٣ دفاعًا مهمًّا: "وَأَمَّا اللهُ فَمَا سَبَقَ وَأَنْبَأَ بِهِ بِأَفْوَاهِ جَمِيعِ أَنْبِيَائِهِ أَنْ يَتَأَلَّمَ الْمَسِيحُ قَدْ تَمَّمَهُ هَكَذَا" (أعمال الرسل ٣: ١٨؛ قارن ١٣: ٢٧). استند يعقوب أيضًا إلى هذه الاستراتيجيَّة حين تكلَّم عن تبرير إبراهيم بالإيمان (يعقوب ٢: ٢٣).

بالطبع يعمل أسلوب الربط هذا بالطريقة العكسيَّة أيضًا، إذ يمكنك أن تبدأ بالعهد القديم لترى تحقيق الوعود في المسيح يسوع صراحة في العهد الجديد. على سبيل المثال، يخبر موسى بني إسرائيل أنَّ الله سيقيم نبيًّا آخر مثله سيبلِّغهم بكلمة الله؛ ويخبرنا بطرس أنَّ يسوع قد حقَّق هذا الوعد (التثنية ١٨: ١٥– ٢٢؛ أعمال الرسل ٣: ٢٢– ٢٦).

ابحث عن المسار التاريخيّ

طريقة ثانية لربط نصِّك بالإنجيل، هي البحث عن توالي الأحداث التاريخيَّة أو المسارات التاريخيَّة. وينطبق ذلك على تحقيق النبوَّات، ويعتمد البحث عن مسار النصّ التاريخيّ على فكرة أنَّ الله يعلن ذاته على نحو متدرِّج، وبالتالي يتمتَّع تاريخ الفداء باتِّجاه أو مسار يبلغ ذروته في الصليب. غير أنَّ هذه الاستراتيجيَّة الخاصَّة تتطلَّب منَّا أن ننتبه إلى الحبكات الروائيَّة المميَّزة أو قصَّة التاريخ الفدائيّ، ومن ثمَّ نُبرز معالم النقاط المحوريَّة.[5] على سبيل المثال، يمكننا أن نُلَخِّص تاريخ الفداء في

5 Sidney Greidanus, *Preaching Christ from the Old Testament: A Contemporary Hermeneutical Method* (Grand Rapids, MI: Eerdmans, 1999), 234-40.

المراحل التالية: الخلق، والسقوط، والفداء، والخليقة الجديدة. قد يشير المقطع الكتابيّ إلى واحدة من هذه المراحل بطريقة تمكِّننا من وضع المقطع الكتابيّ ضمن تاريخ الفداء. إنَّ ربط النصّ بالإنجيل يصير سهلاً بقدر سهولة توضيح موقعه في حبكة الرواية.

هذا المنهج بسيط إلى حدٍّ ما. لرسم قوس في أحد برامج الحاسوب، أنت بحاجة إلى ثلاث نقاط مرجعيَّة على الأقل. إنَّها مسألة هندسيَّة. على المنوال نفسه، لرسم مسار تاريخي في الكتاب المقدَّس ورؤية كيفيَّة ارتباطه بالإنجيل، أعتقد أنَّك بحاجة إلى ثلاث نقاط. من الأسهل أن أتناول النصّ وأرسم نقطة سابقة في تاريخ الفداء ونقطة تالية في تاريخ الفداء ترتبطان بالنصّ الكتابيّ. هذا يعطيني ثلاث نقاط في تاريخ الفداء. ومن هنا، يكون لديَّ مسار تاريخي يوضِّح لي كيف يرتبط نصِّي بالإنجيل.

على سبيل المثال، يشدِّد سِفر الجامعة ١٢: ١– ٨ بقوّة على تذكُّر الخالق، وهكذا يفعل سِفر رومية ١. يشير كلا النصَّين إلى نقطة محدَّدة في تاريخ الفداء تنبع منها بقيَّة تاريخ الفداء. يمكنك الرجوع للخلق نفسه في الكتاب المقدَّس (تكوين ١– ٢) أو التقدُّم للأمام لفكرة الخليقة الجديدة (كورنثوس الثانية ٥: ١٧)؛ فهما فترتان في تاريخ الفداء يمكنهما أن يصلا بك إلى مركز الفداء. وهذه الطريقة لربط النصّ، مفيدة خصوصًا حين يكون مقطعك الكتابيّ ذا محتوى أُخرويّ أو نبرة نبويَّة، إذ تتضمَّن الخليقة الجديدة نفسها تتميم المجيء الثاني للمسيح بكلِّ مقتضياته.

ابحث عن الموضوعات الرئيسيَّة

تربط إحدى الطرق الأخرى، الكتاب المقدَّس بالكامل، برسالة الإنجيل، عن طريق الموضوعات الكتابيَّة اللاهوتيَّة. يعلنُ الله ذاته تدريجيًّا من

خلال موضوعات معيّنة، أو عناصر وأفكار رئيسيَّة، عبر الكتاب المقدَّس كلّه. وعلى الرغم من إدراكنا عمومًا لما يزيد على عشرين موضوعًا، تتضمَّن الموضوعات الكبرى الملكوت، والعهد، والهيكل /والكاهن / والذبيحة، والخروج / والسبي / والراحة.

يُعدُّ فهم كيفيَّة عمل الموضوعات أمرًا مهمًّا. على سبيل المثال، مع أنَّ خروج شعب إسرائيل حدثٌ تاريخيٌّ مسجَّل في سفر الخروج، فإنَّه يقدِّم لنا أيضًا فكرة متكرِّرة طوال الكتاب المقدَّس: إنَّ الله يخلِّص شعبه من العبوديَّة عبر التجارب، ويأتي بهم إلى مكان بركته. وعندما يبدأ الأنبياء بوصف السبي والعودة منه، يصفونه "بالخروج الجديد". إذًا، موضوع الخروج هذا يتحقَّق تحقيقًا نهائيًا في موت المسيح وقيامته (قارن لوقا ٩: ٣٠– ٣١).

أتذكَّر إحدى المناسبات حيث كنت أدرس لوقا ٢٢: ١٤– ٣٠. وكان موضوع **الملكوت** يبدو واضحًا بما يكفي. ففي النهاية، وردت الكلمة أربع مرات، وهو الموضوع السائد في بقيَّة إنجيل لوقا. لكنِّي فيما كنت أقرأ، استرعى انتباهي موضوعٌ آخر هو العهد. تأمَّل: "وَكَذلِكَ الْكَأْسَ أَيْضًا بَعْدَ الْعَشَاءِ قَائِلاً: **"هذِهِ الْكَأْسُ هِيَ الْعَهْدُ الْجَدِيدُ بِدَمِي الَّذِي يُسْفَكُ عَنْكُمْ"** (ع٢٠).

لم ترِد كلمة **عهد** في لوقا سوى مرتَين، هنا وفي (١: ٧٢). فرُحْتُ أدرسُ عبر العهود المختلفة في الكتاب المقدَّس. ورأيت أنَّه من نوح إلى إبراهيم فداود ظلَّ العهد موضوعًا مهمًّا وغنيًّا. غير أنَّ هذه الإشارة في لوقا هي بالتأكيد أكثر خصوصيَّة. لم يكن هذا مجرَّد عهد، بل كان "عهدًا جديدًا". ويرتبط العهد الجديد أيضًا بالعشاء الأخير في كورنثوس الأولى ١١: ٢٥، ولكنَّه في الحقيقة قادني إلى أول استخدام في الكتاب المقدَّس لهذه العبارة، في إرميا ٣١: ٣١– ٣٤.

> "هَا أَيَّامٌ تَأْتِي يَقُولُ الرَّبُّ وَأَقْطَعُ مَعَ بَيْتِ إِسْرَائِيلَ وَمَعَ بَيْتِ يَهُوذَا عَهْدًا جَدِيدًا. لَيْسَ كَالْعَهْدِ الَّذِي قَطَعْتُهُ مَعَ آبَائِهِمْ يَوْمَ أَمْسَكْتُهُمْ بِيَدِهِمْ لأُخْرِجَهُمْ مِنْ أَرْضِ مِصْرَ حِينَ نَقَضُوا عَهْدِي فَرَفَضْتُهُمْ يَقُولُ الرَّبُّ. بَلْ هذَا هُوَ الْعَهْدُ الَّذِي أَقْطَعُهُ مَعَ بَيْتِ إِسْرَائِيلَ بَعْدَ تِلْكَ الأَيَّامِ يَقُولُ الرَّبُّ: أَجْعَلُ شَرِيعَتِي فِي دَاخِلِهِمْ وَأَكْتُبُهَا عَلَى قُلُوبِهِمْ وَأَكُونُ لَهُمْ إِلهًا وَهُمْ يَكُونُونَ لِي شَعْبًا. وَلاَ يُعَلِّمُونَ بَعْدُ كُلُّ وَاحِدٍ صَاحِبَهُ وَكُلُّ وَاحِدٍ أَخَاهُ قَائِلِينَ: "اعْرِفُوا الرَّبَّ" لأَنَّهُمْ كُلَّهُمْ سَيَعْرِفُونَنِي مِنْ صَغِيرِهِمْ إِلَى كَبِيرِهِمْ يَقُولُ الرَّبُّ. لأَنِّي أَصْفَحُ عَنْ إِثْمِهِمْ وَلاَ أَذْكُرُ خَطِيَّتَهُمْ بَعْدُ."

كان فهمي ارتباط العهد الجديد بإرميا ٣١ مفيدًا، نظرًا لأنّه قادني إلى ثلاثة روابط أخرى على الأقلّ ساعدتني في عظتي. الرابط الأول، يتعلّق بالتأكيد الظاهر في لوقا المتعلّق بأخلاقيات الملكوت. في إرميا ٣١: ٣٤، يتكلّم **الله** عن ملء أولئك المستفيدين من العهد الجديد بمصطلحَي "أكبرهم" و"أصغرهم". وفي لوقا يشير يسوع إلى هذا الموضوع الأساسيّ على نحو متكرِّر (انظر ٧: ٢٨ و٩: ٤٨)؛ ويظهرون أيضًا بمصطلحيّ "الآخرون" و"الأوّلون" أو كمعيار أخلاقي في الملكوت أن يكون المرء متّضعًا في ١٣: ٣٠؛ ١٤: ١١؛ و١٧: ٧ – ١٠. في المقطع نفسه الذي كنت أدرسه في لوقا ٢٢، ربَطَ يسوع فوائد العهد الجديد بأخلاق التلمذة كخدمة، باعتبار الخادم أصغرَ الكلّ وليس أكبرهم، أي أعظمهم (الأعداد ٢٤– ٢٧).

يتعلّق الارتباط الثاني الذي عزَّز العظة، بالمشاركة. لم يكن **الله** يقطع عهدًا فحسب، بل كان يُعيِّن ملكوتًا عبر العهد. إنَّ لغة العهد، وبخاصة الفعل "أقطع" في إرميا ٣١: ٣١– ٣٤ يرتبط بالفعل "**أجعل**" في لوقا ٢٢: ٢٩: "أَنْتُمُ الَّذِينَ ثَبَتُوا مَعِي فِي تَجَارِبِي وَأَنَا **أَجْعَلُ** لَكُمْ كَمَا **جَعَلَ** لِي أَبِي مَلَكُوتًا لِتَأْكُلُوا وَتَشْرَبُوا عَلَى مَائِدَتِي فِي مَلَكُوتِي وَتَجْلِسُوا عَلَى كَرَاسِيَّ تَدِينُونَ أَسْبَاطَ إِسْرَائِيلَ الاثْنَيْ عَشَرَ" (لوقا ٢٢: ٢٨ – ٣٠).

الارتباط الثالث، على غرار التلاميذ، لا نحتاج إلى الاهتمام بأن نكون الأعظم (لوقا ٢٢: ٢٤). يَعِدُنا يسوع بجوانب من مُلكه في ٢٢: ٣٠. من المثير للاهتمام أنَّ القرينة في إرميا ٣١ تُركِّز على إسرائيل الموحَّدة، التي يلقى فيها الأسباط معاملة الكيان الواحد الذي في سلطته أن يدين العالم أجمع (انظر على نحو خاص إرميا ٢٥: ١٧– ٢٩).

نتيجة للربط بين لوقا ٢٢ وإرميا ٣١ من خلال موضوع العهد، استطعت أن أعظ من لوقا ٢٢: ١٤– ٣٠ بشكل أفضل. لم تكن مجرَّد عظة عن عهد الله الذي قطعه لأجل خلاصنا، بل أظهرتُ عهدًا أشارك فيه وأمارسه.

ابحث عن التشابهات

من أكثر الاستراتيجيَّات شيوعًا التي يستخدمها الوعَّاظ ويسيئون استخدامها، هي استراتيجيَّة التشابه. يبدو هذا الفرع من اللاهوت الكتابيّ من ناحية مُخيفًا، لأنه يتطلَّب التمييز بين التشابه، والتمثيل، والمجاز، والاستعارة، ومجموعة متنوِّعة من المصطلحات التقنيَّة الأخرى. وبالطبع أحذِّرك من الانجذاب للمصطلحات التقنيَّة أكثر من اللازم، لأنَّ العلماء والوعَّاظ المختلفين يُعرِّفونها بطرق مختلفة.

علاوة على ذلك، من السهل أن تبالغ في الأمر؛ فحالما يصبح مصطلح ما مألوفًا لديك، ولنقل مثلاً الرمز، يُحاط كلّ شيء تراه بإطار من المصطلحات الرمزيَّة، وكلّ وعظك يُحشَر داخل علبة التفسير الرمزيّ الضيِّقة، سواء كان ما تعظ به تمثيلاً بالفعل أم لا.

التشابه فئة أوسع لمقارنة أوجه الشبه والاختلاف بين شيئين. تُعرف القصص الجيِّدة من بدايتها، جزئيًّا، بقدرتها على تحديد الشخصيَّات والأشياء وسماتهم ووظائفهم التي سيكون لها مغزى كبير لاحقًا في

القصَّة. وهذا ما يجعلنا نرغب في قراءة كتاب أو مشاهدة فيلم للمرة الثانية. لا تكتسب التفاصيل الأولى التي أخفاها المؤلف عن غير قصد في أوَّل الأمر أهميَّة كبيرة، سوى بعد أن يكشف المؤلّف أخيرًا عن قصده الخفيّ. وكما يقول المثل: "مَجْدُ اللهِ إِخْفَاءُ الأَمْرِ وَمَجْدُ الْمُلُوكِ فَحْصُ الأَمْرِ" (الأمثال ٢٥: ٢). يبدو أنَّ الله، لحكمته غير المحدودة، قد منح حياة بعض الأفراد، والأشياء، والأحداث في تاريخ إسرائيل معنًى تشبيهيًّا يتحقَّق في المسيح. ويُعدُّ تعلُّمُ كيفيَّة التعرُّف على هذه التناظرات في الكتاب المقدَّس ضروريًّا للتفسير الجيِّد.

قد تكون هذه التناظرات عامَّة، وفي هذه الحال نطلق عليها ببساطة تشابهات، أو قد تكون محدَّدة. أمَّا عندما تخلق شخصيَّةٌ كتابيَّةٌ، أو حدثٌ، أو مؤسَّسةٌ، أو شيءٌ في الكتاب المقدَّس –بطريقة محدَّدة– توقُّعًا لجوانبَ معيَّنة من يسوع المسيح، فإنَّنا نطلق على ذلك تمثيلاً. والتمثيل له طابع نبويٌّ ومتصاعد في أهميّته.[٦]

على سبيل المثال، إن كان الملك داود تمثيلاً للمسيح، إذًا داود (الذي يُطلَق عليه النموذج التمثيليّ) يتطابق مع يسوع المسيح (وهو المُشار إليه بالتمثيل) في المُلك، حيث يتصاعد معنى المُلك في الأهميَّة، حيث إنَّ يسوع يشبه داود، ولكنَّه أعظم منه.

لننظر الآن إلى أحد الأمثلة. في كنيستي في منطقة هايد بارك في شيكاغو، بجوار جامعة شيكاغو، نقدِّم عظات طوال السنة الدراسيَّة. ولأنَّ عددًا كبيرًا من الناس يغادر في إجازات الصيف، فمن المعقول أن نخصِّص وقت الصيف لعقد سلسلة من العظات. وكنَّا قد قرَّرنا في بضع فترات

6 G. K. Beale, *Handbook on the New Testament Use of the Old Testament: Exegesis and Interpretation* (Grand Rapids, MI: Baker Academic, 2012), 14.

صيفيَّة، أن نعظ من سفرَي صموئيل الأول والثاني. وحظيت بامتياز أن أعظ ممَّا كنت أعتقد أنَّه أحد أكثر الأصحاحات المظلمة (المبهمة) في الكتاب المقدس: صموئيل الأوَّل ٢٨.

في نهاية الأصحاح صارت فكرةُ التشابه أكثر إثارة لي بالفعل.

"فَأَسْرَعَ شَاوُلُ وَسَقَطَ عَلَى طُولِهِ إِلَى الأَرْضِ وَخَافَ جِدًّا مِنْ كَلاَمِ صَمُوئِيلَ، وَأَيْضًا لَمْ تَكُنْ فِيهِ قُوَّةٌ، لأَنَّهُ لَمْ يَأْكُلْ طَعَامًا النَّهَارَ كُلَّهُ وَاللَّيْلَ. ثُمَّ جَاءَتِ الْمَرْأَةُ إِلَى شَاوُلَ وَرَأَتْ أَنَّهُ مُرْتَاعٌ جِدًّا، فَقَالَتْ لَهُ: هُوَذَا قَدْ سَمِعَتْ جَارِيَتُكَ لِصَوْتِكَ فَوَضَعْتُ نَفْسِي فِي كَفِّي وَسَمِعْتُ لِكَلاَمِكَ الَّذِي كَلَّمْتَنِي بِهِ. وَالآنَ اسْمَعْ أَنْتَ أَيْضًا لِصَوْتِ جَارِيَتِكَ فَأَضَعَ قُدَّامَكَ كِسْرَةَ خُبْزٍ وَكُلْ، فَتَكُونَ فِيكَ قُوَّةٌ إِذْ تَسِيرُ فِي الطَّرِيقِ. فَأَبَى وَقَالَ: لاَ آكُلُ. فَأَلَحَّ عَلَيْهِ عَبْدَاهُ وَالْمَرْأَةُ أَيْضًا، فَسَمِعَ لِصَوْتِهِمْ وَقَامَ عَنِ الأَرْضِ وَجَلَسَ عَلَى السَّرِيرِ. وَكَانَ لِلْمَرْأَةِ عِجْلٌ مُسَمَّنٌ فِي الْبَيْتِ، فَأَسْرَعَتْ وَذَبَحَتْهُ وَأَخَذَتْ دَقِيقًا وَعَجَنَتْهُ وَخَبَزَتْ فَطِيرًا، ثُمَّ قَدَّمَتْهُ أَمَامَ شَاوُلَ وَأَمَامَ عَبْدَيْهِ فَأَكَلُوا. وَقَامُوا وَذَهَبُوا فِي تِلْكَ اللَّيْلَةِ" (صموئيل الأوَّل ٢٨: ٢٠– ٢٥).

كانت حياة شاول قد قاربت نهايتها. وقد طلب لتوِّه من العرَّافة أن تستحضِر له روح صموئيل حتَّى ينطق صموئيل بدينونة الله على شاول، كما فعل في الأصحاح ١٥. قال صموئيل لشاول إنَّ حياته ستنتهي في اليوم التالي. وهكذا، كسَرَ شاول خبزًا وأكل وبرفقته عبداه والعرَّافة. كان ممانعًا في البداية، ولكن في النهاية أطاع شاول كلام العرَّافة لرغبته الشديدة في أن يسمع كلمة من الله. فاحتفلوا بعمل وليمة من الفطير وعجل مسمَّن، وفي اليوم التالي، سقط شاول على سيفه ومات.

التشابه هنا مثير للاهتمام بطريقة ملحوظة. فلدينا من ناحية، تشابه عكس وليمة الفصح. فشاول وأبناؤه يُحدِّقون بإمعان في دينونة قضت

بحكم الموت الذي لا يمكن إلغاؤه. وفي الوقت نفسه، أمامنا تباين عجيب بين هذا والعشاء الأخير. جلس شاول إلى وليمةٍ بصحبة زُمرة صغيرة من أتباعه في الليلة السابقة لمقتله، كما جلس يسوع لاحقًا مع تلاميذه. فكسروا خبزًا وأكلوا معًا. وهنا أصبحت فكرة التشابه واضحة. إنَّ شاول مثال للمسيح، أو هو بالحقيقة مثال ضدّ المسيح. هذه الليلة من حياته، على النقيض، تخلق توقُّعًا للَّيلة التي كسر فيها يسوع خبزًا مع تلاميذه، والتي سبقت اليوم الذي قُتل فيه كفِدية "عن كثيرين". قد يشير البعض إلى وجود صلة رمزيَّة بين شاول والمسيح. وقد يختلف آخرون قائلين إنّه يوجد موضوع أساسيّ أو رمز للفصح هنا. كيفما صنَّفت التشابهات هنا فإن الربط بين الحالتين يعمّق فهمنا بقوة لصموئيل الأوَّل ٢٨ وكيف انعكس في ذبيحة يسوع المسيح المجيدة.

مع توفُّر هذه الأدوات في أيدينا، أرجو أن ترى مدى تأثير اللاهوت الكتابيّ وقوّته في الوعظ بالمسيح في كلّ الكتاب المقدَّس. تذكَّر أنَّ هناك ثلاثة أشياء مهمَّة عليك أن تعملها حتَّى تستخدم اللاهوت الكتابيّ. **أوَّلاً**، احصل على اللاهوت الكتابيّ لتستخدمه كأساس. **ثانيًا**، كلَّما استطعت، استرشد بالعهد الجديد عند تفسير نصوص العهد القديم. **وثالثًا**، استخدم هذه الأدوات الأربع لاكتشاف ارتباطات هذه النصوص المناسبة بالإنجيل.

دور اللاهوت النظامي

يُعدُّ اللاهوت الكتابيّ نقطة انطلاق رائعة للتفكير اللاهوتيّ. وإن نمَّيْتَ مهاراتك اللاهوتيَّة الكتابيَّة في الوعظ من خلال قدر وافر من الخبرة، تكون بذلك قد قطعت معظم الطريق عبر هذه المرحلة من تحضير العظة. في

الوقت نفسه، يلعب فرعٌ آخر من فروع اللاهوت دورًا في التفكير اللاهوتيّ في النصّ، وهو اللاهوت النظاميّ.

إذا ساعدك اللاهوت الكتابيّ على إدراك إعلان خطَّة الله للفداء في المسيح المتدرِّج، فاللاهوت النظاميّ يساعدك على تركيب وإنشاء كلّ شيء يقوله الكتاب المقدَّس في شكل عقائد. إنه يُنظِّم الكتاب المقدَّس منطقيًّا وبتسلسل، وليس تاريخيًّا أو زمنيًّا (كما في حال اللاهوت الكتابيّ). يُعرِّف دونالد آرثر كارسون D. A. Carson اللاهوت النظاميّ بصفته "فرع من فروع علم اللاهوت الذي يسعى إلى دراسة كلّ الكتاب المقدَّس وأجزائه المختلفة دراسة متعمِّقة، مبيِّنًا الارتباطات المنطقيَّة في ما بينها (وليس فقط التاريخيَّة)."[٧]

في الوقت نفسه، أَعتَقِد أنه يَلزم الحذر، فمع أنِّي أدافع عن الدور النظاميّ في الوعظ، يوجد فرق بينه، وبين أنظمة التعليم. عبَّر سيميون عن هذه الفكرة على النحو التالي: "لم يعلن الله حقَّه في نظام؛ فالكتاب المقدَّس ليس له نظام بحدِّ ذاته". ونتيجة هذه القناعة إذًا، بسيطة: "ضع أيَّ نظام جانبًا وأسرع إلى الكتاب المقدَّس؛ اقبل كلماته بخضوع بسيط، ودون التركيز على نظام بعينه. كن مسيحيًّا كتابيًّا، وليس مسيحيًّا نظاميًّا".[٨] إنَّ سيميون على حقٍّ. يجب ألاَّ نكون وعَّاظًا بنظام معين. مع ذلك

---

7 D. A. Carson, "Unity and Diversity in the New Testament: the Possibility of Systematic Theology," in *Scripture and Truth*, ed. D. A. Carson and John D. Woodbridge (Grand Rapids, MI: Baker, 1983), 69-70.

٨ هذان الاقتباسان مصدرهما هو تعليقات أبنير براون على الأوقات التي قضاها مع تشارلز سيميون كجزء من محادثاته مع طلاب جامعة كامبردج.
Abner William Brown, *Recollections of the Conversation Parties of the Rev. Charles Simeon*, M.A: Senior Fellow of King's College, and Perpetual Curate of Trinity Church, Cambridge (London: Hamilton, Adams, & Co, 1863), 269.

يوجد ثلاث فوائد عمليَّة لدمج اللاهوت النظاميّ داخل تفكيرك في جانب النصّ اللاهوتيّ.

١. يحفظك في الإيمان.
٢. يساعدك على ربط نصوصِ أنواعِ أدبيَّة معيَّنة برسالة الإنجيل.
٣. يُعَزِّز قدرتك على التحدُّث إلى غيرِ المؤمنين.

ا- يحفظك في الإيمان

من فوائد التفكير في اللاهوت النظاميّ الكبرى في أثناء تحضير عظتك، أنّه يضع إلزامًا يحفظك في سلامة المعتقد. عندما تقوم بالتفسير، ستقابل لا محالة نصوصًا صعبة، تضطرُّك إلى اتِّخاذ خيارات تفسيريَّة صعبة. ولأنَّ لا أحد منَّا كامل، فمن المتوقَّع أن نرتكب أخطاء. حين تبدأ بالمصارعة مع هذه الاستنتاجات الصعبة بخصوص نصِّك الكتابي، ستكون العقيدة السليمة هي مرشدك.

قد يقودك تفسير يعقوب ٢: ١٤- ٢٦ السطحيّ على سبيل المثال إلى استنتاج أنَّ يعقوب يقلِّل من شأن عقيدة بولس "الخلاص بالإيمان وحده". ومن خلال إخضاع عملك في هذا النصّ للتفكير اللاهوتيّ النظاميّ، سيتحتَّم عليك أن تصارع مع "كيف أوضح بولس في كلامه أنَّ الخلاص يعمل مع ما يقوله يعقوب وليس ضدّه." وحتَّى لو لم تُحَلّ كلّ مشكلاتك، فعلى الأقلّ ستصارع مع "كيف يساعد الكتاب المقدس في تفسير نفسه" بدلاً من أن تُفاضِل -عن غير قصد- بين الأسفار المقدَّسة وبعضها، مُنكرًا فهم عِصمة الكتاب المقدَّس القويم وخلوِّه من الخطأ.

٢- يساعدك على ربط نصوصَ أنواعٍ أدبيَّة معيَّنة برسالة الإنجيل

في الواقع أحيانًا يكون استخدام اللاهوت الكتابيّ في تفسير أنواع أدبيَّة معيَّنة أكثر صعوبة. ترتبط طبيعة اللاهوت الكتابيّ –القصة الكبرى– جيدًا بالأنواع الأدبيَّة التي تكون فيها الرواية هي شكل النصّ الرئيسيّ. في الوقت نفسه، قد لا يعطيك شِعر العهد القديم بابًا شرعيًّا للدخول إلى قصَّة الكتاب المقدّس الكبيرة بالطريقة التي تتمنّاها. قد يكون من الصعب ربط رسائل العهد الجديد، التي تحتوي على حُجج وبراهين منطقيَّة، من خلال اللاهوت الكتابيّ.

غير أنَّ الأنواع الأدبيَّة التي يغلب على محتواها الخطاب أو الشِّعر، قد تكون أكثر سهولة في ربطها بالإنجيل عبر اللاهوت النظاميّ. تميل هذه الأنواع الأدبيَّة إلى تناول مفاهيم أساسيَّة، مثل الإيمان، والنعمة، والتبرير، والخطيَّة، وما شابه بالمزيد من التكرار. لذلك، حين يثير المزمور فكرة مثل التوبة عن الخطيَّة، أو يتكلَّم بولس عن الإيمان والأعمال، يتوفَّر أمامنا باب شرعيّ إلى مفهوم الإنجيل اللاهوتيّ.

٣- يُعَزِّز قدرتك على التحدُّث إلى غير المؤمنين

أظنُّ أنَّ معظم غير المؤمنين الذين يدخلون كنائسنا لا يشبهون الخَصيّ الحبشيّ، الذي كانت لديه رغبة قويَّة وصادقة لفهم سفر إشعياء. وأكاد أجزم أنَّ الأكثر احتمالاً أنَّهم يطرحون أسئلة عن مشكلة الشرّ، والله، والإثم، والفداء، وما شابه. تنبَع الإجابة عن هذه الأسئلة من مفاهيم وعقائد اللاهوت النظاميّ. وبالتالي، قد يكون ربط النصّ باللاهوت النظاميّ في عظتك أفضل طريقة لجذب غير المؤمن إلى كلمة الله. لنفترض، على سبيل

المثال، أنَّ غير المؤمن يستمع لعظتك ولديه أسئلة حول فكرة "الخطيَّة" في نصِّك الكتابيّ. من الطرق النافعة للتعليم عن الخطيَّة هي النظر إلى هذه العقيدة في اللاهوت النظاميّ وإدراك أنه يوجد ثلاث استعارات رئيسيَّة للخطيَّة: الحِمل، والدَّيْن، والدَّنَس. وبالتالي، مع أنّ المستمع لك ربّما لا يكون قد فهم فكرة "الخطيَّة" كما هي في النصّ الكتابيّ المحدَّد، إلاَّ أنَّه يمكنك أن تدمج في عظتك عقيدة الخطيَّة الأوسع على نحو يساعده على الفهم.

خطوة أخرى

قطعنا شوطًا كبيرًا في هذا الفصل، وأرجو أن تكون قد أدركتَ قيمة عدم القفز من التفسير إلى التطبيق مباشرة، أو حتَّى التوقُّف عند مجرَّد التفسير. وأرجو، بدلاً من ذلك، أن تكون قد رأيتَ قيمة أن تصرف وقتًا في التأمُّل بشأن كيف تقودك فكرة النصّ إلى بشارة الإنجيل. إنَّ فهم المنهج التاريخيّ-النقديّ الصحيح وأدوات اللاهوت الكتابيّ واللاهوت النظاميّ، سيقودك إلى الأمام في تحضيرك العظة.

لكنَّنا بالتأكيد، لم ننتهِ بعد؛ فتحدِّيات **اليوم** ومطالبه لا تزال تنتظرنا.

٤

اليوم

تأخذنا المرحلة الأخيرة من تحضير العظة إلى **اليوم**. وصلنا أخيرًا إلى الوقت الحاضر. وتقع خلفنا تلال النصّ القديم والعمل التفسيريّ الذي قمنا به حول "هُم وحينئذٍ". وخلفنا أيضًا التفكير اللاهوتيّ، مع كلّ ما يصاحبه من تشديد على ملء الزمان في المسيح يسوع، وموته، وقيامته. وتقع أمامنا مباشرة غايتنا: **اليوم**. نحن والآن أي الكنيسة، شعبُ **الله**، وأولئك الذين بواسطة الوعظ بالكلمة سيصيرون ملكَه (شعبَه).

حتَّى هذه النقطة في رحلتنا قمنا بتنحية المواءمة الثقافيَّة جانبًا، وفعَلْنا هذا لميلها إلى الهيمنة على عملنا، فتكون النتيجة ما أطلقنا عليه مشكلة **التمسُّك الأعمى**. ولكن بعد أن أتممنا العمل التفسيريّ والكتابيّ، صرنا جاهزين للسماح للمواءمة الثقافيَّة بأن تأخذ مكانها الضروريّ المُستَحَقّ في العظة. فمع أنَّ كلَّ خدمة سليمة من خدمات الإنجيل يجب أن يوجِّهها النصّ الكتابيّ، إلاَّ أنَّها يجب أن تكون مزوَّدة بالمعلومات الخاصَّة بثقافة المستمعين. ينبغي أن تُعْلِمنا المواءمة الثقافيَّة كيف نعظ بكلمة **الله** اليوم من خلال أربعة خطوط:

١. تركيبة الجمهور
٢. تنظيم مادة العظة
٣. إقامة الحُجَّة
٤. تطبيق العظة

قد يكون مفيدًا أن تفكِّر في هذه المرحلة النهائيَّة بأنَّها مرحلة **توليف العناصر معًا**. تشتقّ كلمة توليف "synthesis" من اليونانيَّة القديمة، وتتضمَّن فكرة وضع عنصرين أو أكثر من العناصر المختلفة معًا بطرق تكوِّن وحدة كاملة جديدة ومترابطة.

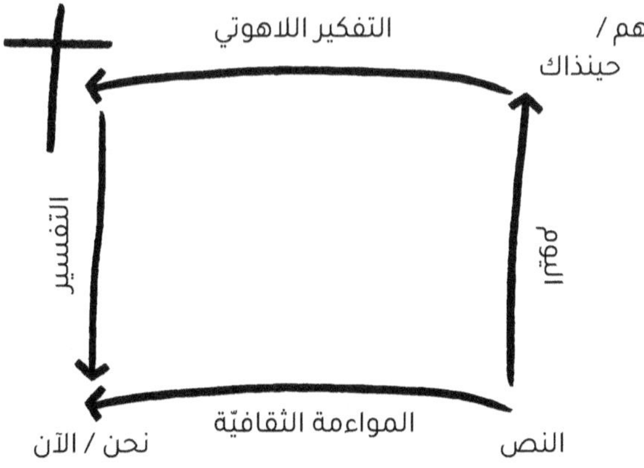

يجِد العديد من الوعَّاظ الشباب هذه الخطوة الأخيرة من الرحلة صعبة. إذ إنَّهم غير متأكِّدين من كيفيَّة الإبحار فيها، أو على الأقلّ كيفيَّة الإبحار جيِّدًا. قد يتناولون أجزاء مختلفة بمعزل عن الأجزاء الأخرى، وبعضهم سيستطيع بالتأكيد أن يُكمل المهام التي تقتضيها عمليَّة التفسير. بينما يتبنّى آخرون خُططًا للقراءة تقودهم إلى التفكير في جانب النصّ اللاهوتيّ. ولكن إن سألتَهم عن كيفيَّة تركيب عنصرين أو أكثر من هذه العناصر بطريقة تخلق عظة مترابطة صالحة لليوم، لا تجد منهم إجابة.

مع ذلك، لا بدَّ من إجراء التوليف. والمفسِّرون الكتابيُّون الذين يجيدون توليف العناصر معًا، يعملون ذلك، جزئيًّا، بسبب اهتمامهم بتقديم العظة في السياق الثقافيّ الملائم للجمهور، وترتيب مادّة العظة، والتطبيق.

ا- تركيبة الجمهور

بالمعنى الأوسع، يجب دائمًا أن تتجنّب محاولاتنا لملاءمة العظة مع سياق الجمهور وثقافته الوقوعَ في أحد الخطأين. من ناحية، لو كان وعظنا يعارض الثقافة دائمًا، سيرفض العالم الرسالة التي نقدمها حتّى قبل أن تتاح لنا فرصة تقديم المسيح. ومن ناحية أخرى، لو أصبحت رسالتنا موائِمة للعالم (أو جعلنا أسلوب حياتنا مشابهًا للعالم)، سنفقد الأساس نفسه الذي يجعلنا نافعين لاستخدام الله لنا. تتمثّل مهمّتنا في أن نجد طريقة نوصِّل بها رسالة الله التي لا تتغيَّر إلى عالم لا يعرف الكتاب المقدَّس جيِّدًا، عالم متحيِّر بشأن الله، ومشوَّش في معرفته اللاهوتيَّة.

مع أنَّه من الجيِّد الدفاع عن العمل التفسيريّ واللاهوتيّ، إلّا أنَّ المفسِّرين الجيِّدين لا يغيب عن أنظارهم البتَّة حقيقة أنَّ فروع المعرفة تلك قد وُجِدت لخدمة الناس. أشعر بالاستياء من عقليَّة بعض الوعَّاظ التي تظن أنَّ جماعة المؤمنين موجودة لتخدمهم في ممارسة خدمة الكلمة. ينبغي للوعَّاظ الشبَّان خصوصًا أن يحذروا من هذا الإغواء نحو تأسيس خدمة أنانيَّة، لا تفكر إلاَّ في ما لنفسها.

طوال الخمس عشرة سنة الماضية حَظِيَت كنيستنا بامتياز تدريب أكثر من سبعين متدرِّبًا، من الشباب والشابات المقبلين على التفرُّغ للخدمة المسيحيَّة أيًّا كان نوعها. وكنت معتادًا أن أُذكِّرهم بين الحين والآخر بأنَّ الناس هم بيت القصيد! وإنْ كان أولئك الذين يرغبون على وجه الخصوص

في الوعظ بكلمة الله ليس لهم محبَّة للناس في العالم، فإنَّه يجب عدم السماح لهم بالصعود إلى منابر الوعظ بانتظام.

لذلك، إن صِرتَ مفسِّرًا للكتاب المقدَّس، فاعلم أنَّ أحد شروط الوعظ هو تحلِّي الواعظ بعاطفة متزايدة وتَقِيَّة نحو الناس. تعلَّم أن تعرفَ المستمعين الذين منحهم الله لك وتحبَّهم. أليس هذا هو الدرس الذي غرسه يسوع في بطرس قبل أن يطلقه للخدمة بالإنجيل في العالم؟! في يوحنَّا ٢١، ظهر يسوع للمرة الثالثة لبطرس والتلاميذ الآخرين على شاطئ بحر الجليل. وسأله يسوع ثلاث مرّات: "بطرس، أتحبُّني أكثر من هؤلاء؟" وثلاث مرات، أجاب بطرس، المرشَّح أن يكون واعظًا قريبًا، بشعور من الإحباط المتزايد: "نَعَمْ يَا رَبُّ أَنْتَ تَعْلَمُ أَنِّي أُحِبُّكَ." فقال له يسوع: "ارْعَ خرافي... ارْعَ غنمي". الفكرة التي أراد يسوع نقلها واضحة: الذين يفرزهم للكرازة بالإنجيل هم أولئك الذين يبرهنون محبَّتهم له من خلال محبَّتهم لكنيسته!

لهذا أقول لكلٍّ من يرغب منكم أن يعظ عن المسيح: "هل تحبُّ يسوع؟ هل تحبُّه حقًّا؟ إذًا، برهن على حبّك له بإطعامك الذين مات من أجلهم ورعايتهم. تعلَّم أن تحبَّ الناس."

الكنيسة

الجمهور الرئيسيّ الذي يستمع للوعظ الذي يفسر كلمة الله هو الكنيسة، أي شعب الله. ودائمًا ما يكون المفسِّرون الكتابيُّون الأمناء واعين لهذه الحقيقة. إنَّهم يجتهدون في تفسير كلمة الحقِّ بدقَّة وعناية كبيرة لأنَّهم يعرفون أنَّ الكلمة التي ينادون بها تُخلِّص الكنيسة وتُشدِّدها.

أرسلَ الله كلمته لشعبه في جنة عدن، وأنزَلَ كلمته مرة أخرى على جبل سيناء، وهذه المرة نقشها على لوحَي حجر حتَّى يعرفَ شعبه المخلَّص

حديثًا **الله** الرؤوف في كلّ طرقه. ولما أرسلَ يسوعَ، كلمة **الله** عينها، فعل ذلك حتَّى يجمع شعبه إلى نفسه. وفي يوم الخمسين كان الشيء نفسه. إنّ جماعة القدِّيسين الأوائل، الذين كانوا يواظبون على تعليم الرسل، قد آمنوا عن طريق الكرازة بكلمة **الله**.

ببساطة، كلُّ مفسِّري الكتاب المقدَّس الأمناء الذين أعرفهم، لديهم قناعة راسخة بأنَّ **كلمة الله** تخلق شعب **الله** وتغذِّيه، شعب **الله** الذي هو كنيسة **الله**.

كيف ستؤثِّر معرفتك بهذه الحقيقة على وعظك **اليوم**؟ يجب أن يدرك المفسِّرون خصوصًا، وبقوة، حاجتهم للتقابل مع **الله**؛ فهو وحده القادر على إنجاز تلك المهمة الهائلة الموضوعة عليهم. ينبغي لنا أن نُحضِرَ عمليَّة تحضير العظة بأكملها أمام **الله** في الصلاة. ومن الخطأ أن يظنَّ أحد أنَّ الوعظ يمكن القيام به بمعزل عن الصلاة، وكأنَّ العمل العظيم والمجيد الذي عمله **الله** المتعلِّق باهتداء كنيسته وتأسيسها متوقِّفًا علينا. يجب علينا نحن الوعَّاظ أن نكون مصلِّين. هذه وحدها إشارة أكيدة إلى أنَّنا فهمنا الكيفيَّة الَّتي تكوَّنت بها الكنيسة وازدهرت في العالم. وهذا يدفعنا نحن المفسِّرين إلى تحضير العظات ونحن راكعين في روح الصلاة، مثلما نحضّرها ونحن جالسين أيضًا في مكاتبنا للدراسة. نحن نعلم من خبرتنا معنى أن نضع جباهنا إلى الأرض متوسِّلين **لله** أن ينجز هو العمل الذي لا تقدر على إنجازه أفضل جهودنا في الوعظ مهما حاولنا.

باختصار، نحن بحاجة شديدة إلى قوَّة الروح القدس لتُلازِم وعظنا. ولهذا نصلِّي. نصلِّي قبل أن نعظ. نصلِّي في أثناء وعظنا. ونصلِّي أيضًا بعد أن ننتهي من الوعظ.

المدينة

كُتِبَ الكثيرُ في السنوات الأخيرة عن مكان تواجد جمهور المستمعين. ولا يلزم أن أزيد كثيرًا على هذا. يكفي أن أقول إنَّنا نقترب بسرعة من نقطة في تاريخ البشريَّة حين سيكون نصف سكان العالم في المدن. وعلى المفسِّرين الكتابيِّين ألاَّ يجهلوا هذه الحقيقة، بل يجب أن يتأثَّر وعظُنا بمعرفتنا لهذه الحقيقة.

على المرء ألاَّ يستسلم لتلك الفكرة البلهاء بأنَّ **الله** يحب الساكنين في المدن أكثر من غيرهم. نحتاج ببساطة إلى إدراك التحدّيات والفرص التي تقتضيها الحياة في المدينة؛ حيث تكون جماعات المؤمنين التي يعظ لها الكثير منّا بطبيعة الحال، أكثر تنوُّعًا في خلفيّتها، كما أنّها مليئة بالرؤى المختلفة للعالم والحياة وهي ما يمكن أن تكون سببًا في حالة احتقان لا لزوم لها ما لم نكن حريصين في كلماتنا. ينبغي أن نضع في الاعتبار الجمهورَ الأكثر تنوُّعًا عند الوعظ، ممَّا يعني أنّه ينبغي لنا أن نكون مستعدِّين للتخلِّي عن تعبيراتنا الدارجة، ونكاتنا المألوفة في ثقافتنا الفرعيَّة الخاصّة. ليس من الطبيعيّ أن تخاطِبَ أعضاء مجلس المدينة بالقصص نفسها التي تحكيها لصديقك المقرَّب على الغداء. إنّها مسألة إعادة توجيه نطاق عملنا. ينبغي أن نعظَ كما لو أنّنا نسعى أن يفهمنا البشر بدقّة من جهات الأرض الأربع، وفي حالات كثيرة، سيكون هؤلاء هم الذين يمكنهم سماعنا.

فيما يستمرُّ **الله** في جمع جماعات المؤمنين المتنوِّعة بتزايد، أثبتت استراتيجيَّتان للوعظ أنّهما مفيدتان:

- استراتيجيَّة العلاقات بين الأشخاص
- الاستراتيجيَّة الموحِّدة

يعدُّ خطاب بولس في أثينا مفيدًا لكلٍّ من هاتين الاستراتيجيَّتين: أوَّلاً، من ناحية **العلاقة بين الأشخاص**، يُصرِّح لوقا بأنّ بولس حاجج الأثينيِّين وتناقش معهم، في المجمع وفي السوق. بعبارة أخرى، لم تكن كرازته بالإنجيل أحاديَّة البُعد. ينبغي ألاَّ نفكّر في أنّ بولس كان يقف خلف مِنبرٍ مرة في الأسبوع ليقدم "مونولوغًا" أو حديثًا فرديًا. بل بالأحرى استخدم بولس مجموعة مُنوَّعة من الاستراتيجيّات التي تقوم على العلاقة بين الأشخاص. وفي السوق كان ينخرط في أسلوب الحوار. ينبغي لنا نحن أيضًا أن نبحث عن طرق وأماكن لتقليد استراتيجيَّة بولس في التحاور بين الأشخاص في المدن اليوم.

شيء آخر يتعلّق باستراتيجيَّة العلاقات بين الأشخاص: يبدو أنّ بولس لم يتعجّل الكلام بل انتظر حتّى تتاح له الفرصة ليكلِّم أشخاصًا من أصحاب النفوذ، على الأقل في أعمال الرسل ١٧. ويُسجِّل لوقا أنهم "أَخَذُوهُ وَذَهَبُوا بِهِ إِلَى أَرِيُوسَ بَاغُوسَ، قَائِلِينَ: "هَلْ يُمْكِنُنَا أَنْ نَعْرِفَ مَا هُوَ هذَا التَّعْلِيمُ الْجَدِيدُ الَّذِي تَتَكَلَّمُ بِهِ؟" (١٧: ١٩). إنَّ جملة "فأخذوه" خبريَّة، إذ يبدو أنّ بولس لم يكن جسورًا، بمعنى أنَّه لم يفرض نفسه على مركز المجتمع الأثينيّ. ولم يطالب صفوة القوم بأن يستمعوا إليه، بل ذهب إلى محطَّتيه المعتادتين ليعظ: المجمع، والسوق (ع ١٧). كانت عظته في أريوس باغوس بناء على طلب الجمهور. وبالتأكيد يجب علينا أن نتحلّى بالجرأة، غير أنَّ المدينة تطالبنا باحترامها.

ثانيًا، تقتضي أهميَّةُ المدن المتزايدة العملَ **بالاستراتيجيَّة الموحِّدة**. على عكس الاستراتيجيَّة التي تهاجم عادات المجتمع ومعتقداته أو الاستراتيجيَّة المجزِّئة، تجمع الاستراتيجيَّة الموحِّدة القيم الثقافيَّة والعظة المسيحيَّة بطرق تخدم كرازتنا بالإنجيل. شرح الأصحاح١٧ من أعمال

الرسل ذلك، حيث برَّأ لوقا بولس من أيِّ اتِّهام باطل بالغيرة الأصوليَّة. ويوصف بولس بأنَّه شعر باستفزاز واجب من رؤيته أوثان الأثينيّين، غير أنّه لم يرغب في إسقاطها في الشوارع. في الواقع، وضَّح لوقا أنّ بولس فعل العكس تمامًا، باستغلاله الأوثان كميزة وكمدخل دفاعي: "فَوَقَفَ بُولُسُ فِي وَسَطِ أَرِيُوسَ بَاغُوسَ وَقَالَ: "أَيُّهَا الرِّجَالُ الأَثِينِيُّونَ أَرَاكُمْ مِنْ كُلِّ وَجْهٍ كَأَنَّكُمْ مُتَدَيِّنُونَ كَثِيرًا لأَنَّنِي بَيْنَمَا كُنْتُ أَجْتَازُ وَأَنْظُرُ إِلَى مَعْبُودَاتِكُمْ وَجَدْتُ أَيْضًا مَذْبَحًا مَكْتُوبًا عَلَيْهِ: "لإِلَهٍ مَجْهُولٍ." فَالَّذِي تَتَّقُونَهُ وَأَنْتُمْ تَجْهَلُونَهُ هَذَا أَنَا أُنَادِي لَكُمْ بِهِ" (أعمال الرسل ٢٢، ٢٣). بافتتاحه هذه العظة بعبارة "الإله المجهول"، لعب بولس على أحاسيس مستمعيه المثقَّفين الفكريَّة. وفي النهاية، سيتَّفق معظم العلماء على حقيقة أنَّ الكثير من الأشياء لا تزال مجهولة وأنَّ المصطلح الذي استخدمه بولس في أعمال الرسل ١٧: ٢٣ هو صيغة لكلمة اللاأدريَّة Agnosticism. وبحسب تعبير كرنيليوس فان تيل Cornelius Van Til: "حتَّى بين المثقفين، من الذكاء الإقرار بحقيقة أنَّه يوجد في السماء وعلى الأرض أكثر مما يحلمون به في فلسفتهم. فقد كانوا مستعدّين تمامًا أن يتركوا المجال مفتوحًا للمجهول".[1] وبالتالي، كان افتتاحه العظة على هذا النحو، خطوة عبقريَّة.

هل يمكنك أن تتخيَّل كيف يمكن أن تُقرأ هذه القصة قراءة مختلفة لو كان بولس قد قرَّر أن يستخدم استراتيجيَّة تهاجم قيم المجتمع في أثينا وليس الاستراتيجيَّة الموحِّدة؟ لو كان بولس قد تناول مطرقة ثقيلة وكسّر أوثانهم، أو قاد حملة مقاطعة لاحتفالاتهم الدينيَّة، أو علّق شعارات مناهضة "للطريقة الأثينيَّة" على لوحة إعلانات عالية في مدخل المدينة، لكان ذلك بالتأكيد قد جعل عظته مفهومة وواضحة. ولكن ربَّما سببت هذه الطريقة ضررًا بالغًا بالإنجيل. قد تنجح الاستراتيجيّات الطنّانة في

1 Cornelius Van Til, *Paul at Athens* (Phillipsburg, NJ: P&R, 1978), 6.

تخليص العالم من أوثانه أو رموزه الدينيَّة الخارجيَّة، لكن كلّما انتهج المسيحيُّون مثل هذه الاستراتيجيَّات، فشلوا في ربح عقول أولئك الذين يعيشون وسط الأوثان وقلوبهم.

نعم، الكثيرون اليوم سيُدعَون للوعظ في مدن كبيرة، ومثل هؤلاء الوعَّاظ يجدر بهم أن يتبنُّوا استراتيجيَّات العلاقات بين الأشخاص والاستراتيجيَّات الموحِّدة التي ساعدت على ربح المدن في الماضي.

الفرد وثقافته

إنَّ معرفة مكان تواجد جمهورنا شيء، ومعرفة من هو جمهورنا والقيم والعادات التي تُميِّزه شيء آخر مختلف تمامًا. يعجُّ العالم اليوم بأناس لا يعرفون الكتاب المقدَّس، ولا أحد منَّا ينبغي أن يرضى يومًا بأن يعظ إلاَّ والبعض منهم حاضر. يجب أن يحرص الوعَّاظ بالإنجيل بشدَّة على أن يكون ضمن جمهورهم أناسٌ غير مؤمنين، أناسٌ من الذين في العالم، إذ إنَّ غير المؤمنين يُعتبرون جمهورًا محوريًّا لكلمة الله. وإن كنَّا نرغب في أن تصل رسالتنا إلى جمهور اليوم، نحتاج أن نعطي اهتمامًا واجبًا لسياقهم الثقافيّ. وسنحتاج إلى التكلُّم بلغة مفهومة لثقافتهم. ومن الجيِّد أنّه يوجد قدرٌ وافر من الكتب والمقالات التي تعالج هذا الاحتياج. لا يوجد ما أستطيع أن أضيفه، إلاّ أن أُحذِّر المفسِّرين الكتابيِّين الأمناء لكي يحرصوا على معرفة حدود هذا النوع من تحضير العظات. إنَّ النجاح في مواءمة العظة جيدًا لسياق المستمعين لا يعني بالضرورة أن وعظنا سيُفهم بسهولة، ناهيك بأنَّنا سنعمل على تغيير الثقافة بالضرورة .

أكرِّر، لا نحتاج إلى النظر لأبعد من خطاب بولس للأثينيِّين في أعمال الرسل ١٧: ١٦- ٣٤ لنرى أنَّ هذه هي الحال. فمع أنَّ بولس بذل أفضل ما

لديه لمواءمة عظته لسياق مستمعيه وثقافتهم (كما ينبغي أن نفعل نحن أيضًا)، يرى لوقا أنَّ هذا العمل الجيِّد والضروريّ له تأثير محدود. عبَّر أحد الأثينيين عن تجاوبه مع وعظ بولس بالإنجيل بقوله: "تُرَى مَاذَا يُرِيدُ هَذَا الْمِهْذَارُ أَنْ يَقُولَ؟" (١٧: ١٨). والكلمة المترجمة لمهذار معناها نقَّار البذور أو نابش القمامة، وكأنَّ بولس يلتقط فكرة ما من هنا وأخرى من هناك فتكون النتائج غير مترابطة. هذا هو نوع التجاوب الذي يدَّعي المتمسِّكون بالمواءمة الثقافيَّة تمسُّكًا أعمى أنهم يتغلَّبون عليه.

لا تدَع رواية لوقا تُربكك. إنَّ بولس، الذي قدَّم لنا نموذجًا لمواءمة العظة لثقافة المستمعين، صار موضع سخرية البعض لتقديمه عظة بلا محور يوحِّدها، وبالتالي، لم يكن لها القُدرة على استمالة الرأي العام (انظر أعمال الرسل ١٧: ٣٢). كانت إحدى ردود الفعل الأخرى على عظة بولس: "إِنَّهُ يَظْهَرُ مُنَادِيًا بِآلِهَةٍ غَرِيبَةٍ، لأَنَّهُ كَانَ يُبَشِّرُهُمْ بِيَسُوعَ وَالْقِيَامَةِ" (أعمال الرسل ١٨). تشير عبارة "آلهة غريبة" إلى أنَّ جزءًا من مشكلة الأثينيِّين كان يتعلَّق بفهم المعنى الذي يقصده بولس. ففي جوهر الأمر، لمّا سمع الأثينيُّون الإنجيل أوّل مرة، ظنُّوه غريبًا، وغير مألوف، وغريبًا على هيكل مجمع آلهتهم اليوم.

إنَّ هدفي من إثارة الانتباه إلى اثنين من ردود الفعل على عظة بولس، هو قول: "نعم، اجتهد في فهم الناس اليوم وثقافتهم، لكن لا تظن أنَّ المفسِّرين الكتابيِّين الجيِّدين سيكونون دومًا مفهومين أو مقنِعين للناس اليوم."

أخيرًا، أريد أن أُذكِّر بحاجتنا ليس فقط للصلاة، بل أيضًا لقوَّة الروح القدس التي تلازم كلَّ وعظنا. وهذا بالتأكيد هو الاحتياج الأعظم، إذ يجب على الوعّاظ أن يعرفوا المصدر الحقيقيّ للقوَّة. إنَّ الدور الذي يلعبه الروح

القدس في ميلاد الكنائس بكلمة الله لا غنى عنه. لا تأتي الحياة الحقيقيَّة والتغيير الحقيقيّ في مستمعينا من براعتنا، بل من كلمة الروح (يوحنا ٦: ٦٣)، التي يُنطَق بها صراحةً على فم واعظ شاخص إلى الله.

إذًا، ليت قناعتنا نحن الوعَّاظ ومفسِّري كلمة الله، تكون رفض كلِّ ادِّعاء وكلِّ مظهر خادع، وكلِّ عادات أَلِفْناها في الوعظ، وكلِّ شيء يوحي بأنَّ القوَّة فينا وليست في الروح والكلمة. يتطلَّب الوعظ تواضعًا. علينا التخلُّص من كلِّ اهتمام مفرط وغير ضروريّ بالبراعة الفنيَّة أو الشكل. دعونا نتنازل عن طلب الشهرة، ونوال استحسان الجمهور، وشِراك الطمع الخادعة.

> "لأَنَّ وَعْظَنَا لَيْسَ عَنْ ضَلاَلٍ، وَلاَ عَنْ دَنَسٍ، وَلاَ بِمَكْرٍ، بَلْ كَمَا اسْتُحْسِنَّا مِنَ اللهِ أَنْ نُؤْتَمَنَ عَلَى الإِنْجِيلِ هكَذَا نَتَكَلَّمُ، لاَ كَأَنَّنَا نُرْضِي النَّاسَ بَلِ اللهَ الَّذِي يَخْتَبِرُ قُلُوبَنَا. فَإِنَّنَا لَمْ نَكُنْ قَطُّ فِي كَلاَمِ تَمَلُّقٍ كَمَا تَعْلَمُونَ، وَلاَ فِي عِلَّةِ طَمَعٍ. اللهُ شَاهِدٌ. وَلاَ طَلَبْنَا مَجْدًا مِنَ النَّاسِ، لاَ مِنْكُمْ وَلاَ مِنْ غَيْرِكُمْ مَعَ أَنَّنَا قَادِرُونَ أَنْ نَكُونَ فِي وَقَارٍ كَرُسُلِ الْمَسِيحِ". (تسالونيكي الأولى ٢: ٣– ٦)

٢- ترتيب مادَّة العظة

يواجه الواعظ تحدّيًا مماثلاً كلَّ أسبوع: "كيف ينبغي أن أرتِّب المادَّة التي أنوي تقديمها في العظة؟ ما نوع التنظيم الذي يجب أن أستخدمه فيها؟" هذان السؤالان جيِّدان وجديرَان بأن نجيب عنهما.

حالما فسَّرتَ النصَّ وفكَّرتَ في جوانبه اللاهوتيَّة، سيتوفَّر لديك حصاد غنيٌّ بالمواد المفيدة لتقولها، ويحقُّ لك أن تكافئ مستمعيك بثمرة جهدك الذي بذلتَه. بناءً على ذلك، ما المبدأ الذي يجب أن يحكمنا في عمليَّة ترتيب مادَّة العظة؟ وما الدور الإيجابيّ الذي سيتعيَّن على المواءمة الثقافيَّة أن تلعبه؟ أعتقد أنَّك بحاجة إلى تحضير العظة من خلال خطَّيْن متوازيَين:

- الحاجة إلى الوضوح.
- فوائد التزام العظة بالنصّ الكتابيّ.

تعتمد النقطة الأولى على مواءمة العظة ثقافة المستمعين، في حين تتمسَّك النقطة الثانية بالنصِّ الكتابيِّ بقوَّة.

الحاجة إلى الوضوح

منذ سنتين، جلست مع "ديك لوكاس" في غرفة معيشته في لندن في إنكلترا. وتحوَّل حديثنا بعفويَّة إلى ما كان الله يعمله في الكنيسة. وكنا متحمِّسَيْن ويملؤنا الرجاء في الجيل الجديد الواعد من الوعَّاظ. ووسط هذه المحادثة المتفائلة، قال "لوكاس" مقاطعًا: "نعم، ولكن علينا أن نُذكِّرهم بأنَّ وعظنا لا ينبغي أن يكون مفرطًا في البساطة". بعد أن وعظ لوكاس لما يقرب من خمسين عامًا لرجال الأعمال الذين يعملون في الحيِّ الماليِّ في لندن، تعلَّم شيئًا مهمًا للغاية: العظماء هم الأكثر وضوحًا، ويجب ألّا يكون الوعَّاظ مفرطين في البساطة؛ نحن بحاجة إلى **الوضوح**.

لاحظت الشيء نفسه. مع أنَّنا لدينا جيل من الوعَّاظ الناشئين المتحمِّسين، وقد بدأوا يحتلُّون موقعًا في المشهد اليوم، لا يزال الكثيرون بحاجة إلى تعلُّم فنِّ ترتيب مادَّة العظة بطريقة واضحة وموجزة. وهنا يمكن للمواءمة الثقافيَّة أن تلعب دورًا رائعًا.

يُدرك الوعّاظ التفسيريُّون أنَّ الذين يخاطبونهم كلَّ أسبوع ليسوا، بشكل عام، متحمِّسين كثيرًا لكلِّ تلك الفوارق التفسيريَّة الدقيقة، وتلك المعضلات النصِّيَّة التي برع الواعظ في حلِّها خلال الأسبوع. عبَّر صديق لي وهو رجل أعمال تقيّ عن هذه الفكرة على النحو التالي: "ديفيد، ما الوجبة الجاهزة

لهذا الأسبوع؟ لا تعظني طوال نصف ساعة بطريقة مُرسَلة دون أن توضِّح لي فكرتك. أريد عناوين واضحة ومرتَّبة وكلامًا مباشرًا."

الواعظ المثمر هو ذلك الذي يعرف ميادين القتال حيث يخوض جمهوره معاركهم الحياتيَّة والمهنيَّة. إنَّه يعرف احتياجاتهم ويتكلَّم لغتهم. ويعظ بارتياح للمؤمن وغير المؤمن على حدٍّ سواء، حتَّى إن صرَفَ جزءًا كبيرًا من أسبوعه المشحون يدرس وحده في مكتبه في الكنيسة.

بينما تبدأ عمل المواءمة السياقيَّة الذي يتضمَّن ترتيب مادّتك، اجتهد في التحضير لتجعل عظتك واضحة. وانتبه جيدًا إلى الكلمات التي تستخدمها والطريقة التي توصِّل بها الأفكار. وكن راضيًا إن أوصلتَ فكرة أمجاد المسيح واضحة فقط لمن جاؤوا ليسمعوا. كما حثَّ بولس قرّاء رسالته: "وَاظِبُوا عَلَى الصَّلاَةِ سَاهِرِينَ فِيهَا بِالشُّكْرِ، مُصَلِّينَ فِي ذَلِكَ لأَجْلِنَا نَحْنُ ايْضًا، لِيَفْتَحَ الرَّبُّ لَنَا بَابًا لِلْكَلاَمِ، لِنَتَكَلَّمَ بِسِرِّ الْمَسِيحِ، الَّذِي مِنْ أَجْلِهِ أَنَا مُوثَقٌ أَيْضًا، كَيْ أُظْهِرَهُ كَمَا يَجِبُ أَنْ أَتَكَلَّمَ" (كولوسّي ٤: ٢– ٤).

خطوتان عمليتان مفيدتان للوضوح:

- صرِّح بموضوع النصّ الرئيسيّ.
- عبِّر بوضوح عن هدف الكاتب.

ينبغي ألاَّ يصعد الوعَّاظ التفسيريُّون إلى المنابر ليقدِّموا عظاتهم قبل أن يكونوا قادرين على توضيح موضوع النصِّ الرئيسيّ في جملة واحدة مترابطة. ويُعدُّ الموضوع الرئيسيّ الفكرةَ الكبيرة أو المسألة السائدة في النصّ. إنَّه الفكرة التي يريد الكاتب أن ينقلها. على سبيل المثال، بدأتُ مؤخَّرًا عظة من رسالة يعقوب ٤: ١– ١٢ بعبارة بسيطة: "القضيَّة التي يريدنا يعقوب أن نفكِّر فيها معًا خلال الثلاثين دقيقة القادمة هي كلماتنا،

وقدرتها على قطع العلاقات داخل الكنيسة، ومصدر تلك القدرة، وما يمكن عمله بشأنها". إذا استطعتَ أن تُعبِّرَ عن هدف الكاتب بدون تحفُّظ كما فعلتُ أنا، فإنَّ قدرتك على تقديم التعليم الأساسيّ الذي يريد الكاتب توصيله أمام شعبك في جملة واحدة سيساعدك على تحقيق البساطة والوضوح، وهما السِّمَتَان المميِّزتان للأسلوب الجيِّد.

الخطوة العمليَّة الثانية التي يمكن للواعظ التفسيريّ أن يستخدمها لتحقيق الوضوح هي أن يُصرِّح في جملة واحدة الهدف الذي أراد الكاتب أن يوصِّله لقرائه من النصّ. الهدف هو ما يريد الكاتب من جمهوره أن يعملوه أو كيف يريد منهم أن يفكروا بطريقة مختلفة –الفعل أو رد الفعل– نتيجة لموضوعه الرئيسيّ. وحتَّى لو لم تُعبِّر عن الهدف في جملة واحدة في عظتك، ينبغي أن تكون مُلِمًّا به جيدًا قبل أن تبدأ العظة. ينبغي أن تكونَ قادرًا على الإجابة عن سؤال: "ماذا يريد الكاتب من قرّائه؟".

إنَّ قدرتك على التصريح بهدف الكاتب لها فوائد جمَّة. من هذه الفوائد أنَّها تسهِّل عليك مهمَّة مواءمة العظة ثقافة جمهورك. الوعّاظ التفسيريُّون الكتابيُّون لا يعتزلون في مكاتبهم حتَّى يصيبهم الهزال في محاولات مضنية ليجعلوا عظتهم ذات صلة بسياق الجمهور. إنَّهم ليسوا بحاجة إلى ذلك، فالكتاب المقدَّس وثيق الصلة بهم. بل بالأحرى، يستخرج الوعَّاظ التفسيريُّون النتائج والتطبيقات الموجودة بالفعل في النصّ بطرق مفهومة للثقافة التي توجد فيها الكنيسة. بهذه الطريقة، يعمل النصُّ الكتابيُّ مع المواءمة الثقافيَّة يدًا بيد في تعاون، حيث يكُونان شريكين في خدمة الوعظ. وعندما يستخدمهما الواعظ بهذه الطريقة، لن يكون أمينًا ومثمرًا فحسب، بل ستصبح عظاته أيضًا أكثر وضوحًا وأسهل في المتابعة.

فوائد التزام العظة بالنصّ الكتابيّ

ينبغي أن تحدث هذه العلاقة الحيويَّة بين النصّ والمواءمة الثقافيَّة عندما ينكبُّ الوعَّاظ التفسيريُّون على تخطيط عظاتهم. تأتي المواءمة الثقافيَّة في مرتبة ثانويَّة للنصّ الكتابيّ. وينبغي لتنظيم عظاتك أن يتبع تنظيم النصّ الكتابيّ. ينبع المخطَّط الذي تعتمد عليه عظتك من عملك الدراسيّ التفسيريّ واللاهوتيّ الكتابيّ. وفي الحقيقة يصبح مخطَّط العظة صورة في مرآة مواكِبة لثقافة الجمهور.

هذا المبدأ هو نتيجة معنى الوعظ التفسيريّ الطبيعيَّة. فنحن لا نفرض مخطَّط العظة على النصّ الكتابيّ، بل نستخرج من النصّ ما وضعه الروح القدس فيه بالفعل. وأفضل طريقة لتحقيق ذلك هي الطريقة التي صاغ بها الروحُ القدسُ النصَّ. تذكَّر، كان "تشارلز سيميون" يهدف لذلك حين قال:

"أسعى جديًّا إلى أن أُخرِجَ من النصّ الكتابيّ ما هو موجود فيه بالفعل، لا ما أظنُّ أنَّه موجود فيه. لديَّ غيرة شديدة على هذا الهدف؛ ولن أتكلَّم البتَّة أكثر ولا أقل ممَّا أومِن بأنَّه فِكر الروح القدس في النصّ الذي أشرحه وأفسره".[٢]

قدَّمت تعريفًا للوعظ التفسيريّ الكتابيّ بصفته الوعظ بقوَّة وسلطان، الذي يُخضِع، باستقامة، بِنيةَ العظة ومحور تركيزها، لبِنية النصّ الكتابيّ ومحور تركيزه؛ أي ما يؤكِّده النصّ. ولعلَّ من المفيد أن تعرف ماذا أقصد بكلِّ كلمة من الكلمات الرئيسيَّة في هذا التعريف. ما أقصده من **البنية ومحور التركيز** أنَّ كلَّ وِحدَة وعظيَّة طبيعيَّة في الكتاب المقدَّس تأتي جاهزة، بتنظيم ومحور تركيز أو توكيد، قَصَدَهُما الروح القدس. أمَّا

2 Handley Carr Glyn Moule, *Charles Simeon* (London: Methuen & Co., 1892), 97.

مهمَّة الواعظ فهي أن يجدهما، وأفضل طريقة لذلك هي من خلال التفسير المنضبط والتفكير اللاهوتيّ في النصّ الكتابيّ. وبمجرَّد أن يفهم الواعظ البِنية ومحور التركيز بوضوح، يصير جاهزًا للتفكير في بناء العظة.

ما يُميِّز بناء العظة التفسيريَّة عن الأنواع الأخرى من العظات الكتابيَّة هو أنَّ الواعظ **يُخضع، باستقامة**، ترتيب مادَّة العظة لبنية النصّ ومحور تركيزه. يجب ألاَّ نفرض على النصّ أيَّ تخطيط آخر. فضلاً عن ذلك، يجب ألا نُقحم أيَّة موادّ ليست متضمَّنة في النصّ. هاتان القضيَّتان تعالجهما عبارة **يُخضِع باستقامة**. نحتاج إلى وعّاظ يُخضِعون أنفسهم للتفسير الصحيح للأخبار السارَّة.

لا يتمتَّع الكثيرون منَّا بهذا النوع من الانضباط الذي يجعلهم لا يرضون بأقلّ من تقديم الأفضل. فمخطَّطات عظاتنا غير ملائمة. كما نبني عظات تعكسُ شيئًا مختلفًا عن النصّ، ولها بنية مختلفة. وهذه إشارة إلى أنَّنا غير منضبطين ولو قليلاً في هذا الجزء من عمليَّة التحضير، ولا نُخضع مخطَّط عظاتنا ومضمونها للنصّ، بل نجعل النصّ يتوافق مع البنية والمضمون الذي يتناسب مع خيالنا واستحساننا هذا الأسبوع. ونتيجة لذلك، نُقصِّر في الشرح التفسيريّ، ونَحرم شعبنا من حقهم في سماع صوت **الله**، ولا نترك لهم سوى أصواتنا العاجزة. بالتالي، أشجِّعك على العمل على تقديم عظات من الكتاب المقدَّس ملتزمة بالنصّ ومُمتَثِلة له. وفي النهاية، هذا هو الوعظ التفسيريّ الكتابيّ، كما صاغه العنوان الفرعيّ لهذا الكتاب الصغير: **كيف نتكلَّم بكلمة الله اليوم**.

بعد أن رأينا الدور المفيد الذي يمكن أن تلعبه المواءمة الثقافيَّة في مسألة الجمهور وترتيب مادَّة العظة، نحن الآن جاهزون لنرى كيف تساعدك في خطوة **تطبيق العظة**.

٣- إقامة الحُجَّة

يجب أن تُقيم كلُّ عظة الحجةَ. لا يمكن صناعة تلاميذ بالفعل دون إقامة حُجَّة. تذكَّر التعاليم والوصايا التي تركها يسوع في متّى ٢٨: ١٩- ٢٠، حيث كان على التلاميذ أن يصنعوا المزيد من التلاميذ وأن "يُعلّموهم جميع ما أوصاهم به يسوع". كان عليهم أن يتكلّموا بقوَّة الإقناع الأدبيَّة التي تحثُّ على الطاعة. ولكن يجب ألاَّ يرضى الوعَّاظ بمجرَّد التغيير السلوكيّ، وإنّما عليهم أن يسعوا لإقناع الناس وربحهم. فالواعظ ليس معنيًّا بالكلام فحسب، بل بإقامة الحُجَّة أيضًا. يحتوي الإنجيل على شيء خاصّ يُخاطب العقلانيِّين منَّا، وليس العاطفيّين فقط.

دعوني أقدِّم ثلاث أفكار سريعة حول هذا الموضوع.

أوَّلاً، يمكن أن نجد الأمر الكتابيّ بإقامة الحُجَّة في الوعظ في مواضع عديدة. انظر أعمال الرسل ١٧: ٢- ٣. انتقلت خدمة بولس إلى ما هو أكبر، وقد وصفها الكاتب على النحو التالي: "فَدَخَلَ بُولُسُ إِلَيْهِمْ حَسَبَ عَادَتِه وَكَانَ **يُحَاجُّهُمْ** ثَلاَثَةَ سُبُوتٍ مِنَ الْكُتُبِ **مُوَضِّحًا** وَمُبَيِّنًا أَنَّهُ كَانَ يَنْبَغِي أَنَّ الْمَسِيحَ يَتَأَلَّمُ وَيَقُومُ مِنَ الأَمْوَاتِ". ونرى في عدد (٤) أن البعض قد اقتنع. كَانَ بولس **يُحَاجُّهُمْ** (وهي الكلمة التي اشتُقَّت منها كلمة "ديالوغ" بمعنى حوار أو حديث). انخرط بولس معهم في مناقشةٍ ووعَظَ بطريقة تفاعليَّة داخليَّة. فقد "فتح أذهان مستمعيه" وحرفيًّا، وضع شيئًا أمام مستمعيه. فعل يسوع ذلك في لوقا ٢٤ مع تلميذيه، إذ فتح ذهنهما ليفهما الكتاب المقدَّس. وقد فعل يسوع ذلك بطريقة جزئيَّة من خلال إقامة الحجَّة على ترابط الأسفار المقدَّسة. لكنَّ هذا له تأثير أيضًا في كسر الاعتقاد المغلوط بأن المؤمنين المسيحيِّين غير عقلانيِّين. أثبتَ كلٌّ من بولس ويسوع أنَّ المؤمنين بالمسيح هم الأكثر اتِّساعًا في الأفق (منفتحين عقليًّا). كما بيَّنَ

بولس أيضًا، أو حرفيًا؛ وَضَعَ شيئًا أمام جمهوره. استُخدمت هذه الكلمة مجازيًا للتعبير عن تقديم وجبة طعام أو ترتيب مائدة (لوقا ٩: ١٦، ١٠: ٨، إلخ). وضع بولس الحجج أمام الناس ليتناولوها. ونتيجة لذلك اقتنع البعض، واستمالهم كلام بولس. تحتاج كواعظ إلى تركيز نظرك عاليًا. قد لا نحبِّذ فكرة الإقناع هذه لأنَّنا أسأنا فهم كورنثوس الأولى ١ ونريد أن نرفض حكمة العالم. ولكنَّ هذا لا يعني أنَّه لا ينبغي أن نستخدم كلَّ إمكاناتنا لكي نكون مقنعين. نحتاج بالفعل إلى أن نكون مقنعين. خاطر بولس في أعمال الرسل ٢٦: ٢٦– ٢٨، حيث أعلن بجرأة عن رغبته في إقناع الملك أغريباس وحاشيته كلها. لم يكن بولس ليرضى بمجرَّد أن يكون جزءًا من الحوار، ولم يكن يحاول أن يجعل المسيحيَّة مُستساغة، إنَّما كان يهدف إلى أن يربح كلَّ شخص في العالم للإنجيل.

ثانيًا، يتميَّز الانخراط في الخدمة التي تتَّسم بالحوار بفائدة كبيرة. وهذه الخدمة ليست الشيء نفسه مثل الوعظ الذي يتميَّز بالحوار. إنَّ الكلمة التي يستخدمها الكتاب المقدَّس للوعظ تأتي من فكرة البشارة أو المناداة بالإنجيل، وتقدَّم في شكل حديث فردي (مونولوغ). ولكن هناك قيمة كبيرة في جذب الناس إلى الحديث من خلال تقديمه بطريقة تجعل الجمهور يتفاعلون داخليًا. كان بولس مشتركًا في الحوار، لكنَّه كان يعظ بأسلوب الحديث الفرديّ (المونولوغ)، إذ قدَّم عظة ذات دافع أخلاقيٍّ. وبناء عليه، علينا بكلِّ تأكيد أن نستغلَّ تلك المنابر المفتوحة، والأسئلة والأجوبة، وفرص إقامة حوار حقيقيٍّ ونُطبِّق عناصر المنطق في هذا الأسلوب الوعظيِّ. الوعظ هو الشرح، ولكنَّه يشمل أيضًا الإقناع والتطبيق.

ثالثًا، ركِّز على الموضوع الأكثر أهميَّة لحجَّتــــك. انظر أعمال الرسل ٢٤: ٢٤– ٢٥: "ثُمَّ بَعْدَ أَيَّامٍ جَاءَ فِيلِكْسُ مَعَ دُرُوسِلاَّ امْرَأَتِهِ وَهِيَ

يَهُودِيَّةٌ. فَاسْتَحْضَرَ بُولُسَ وَسَمِعَ مِنْهُ عَنِ الإِيمَانِ بِالْمَسِيحِ. وَبَيْنَمَا كَانَ يَتَكَلَّمُ عَنِ الْبِرِّ وَالتَّعَفُّفِ وَالدَّيْنُونَةِ الْعَتِيدَةِ أَنْ تَكُونَ ارْتَعَبَ فِيلِكْسُ وَأَجَابَ: "أَمَّا الآنَ فَاذْهَبْ وَمَتَى حَصَلْتُ عَلَى وَقْتٍ أَسْتَدْعِيكَ". سمع فيلكس بولس يعظ عن ١) الإيمان بالمسيح يسوع، ٢) والبرِّ، ٣) والتعفُّف وضبط النفس، ٤) والدينونة العتيدة. وينبغي أن نجتهد لإقناع المستمعين بهذه الحجج الأربع الكبرى. وبالفعل، هذه هي الحُجج التي أراد بولس أن يقنع بها قرّاءه في رومية ١–٣.

تعلَّم أن تستخدم الحُجَّة في كلِّ عظة تقدِّمها. الأمر ليس سهلاً، ولكنَّه بسيط.

٤- تطبيق عظتك

عندما يتعلَّق الأمر بالتطبيق، أهمُّ شيء هو أنَّ المفسِّرين الكتابيِّين يهدفون إلى **تغيير القلب**. فنحن لا نسعى إلى مجرَّد تطبيق الحقائق الإلهيَّة على عقول المستمعين، مع أنَّه هدف مهمٌّ للغاية. ولا ينبغي أن نَرضى بمجرَّد تحريك أياديهم وأرجلهم للعمل، مع أنَّ هذا ضروريٌّ لكلِّ خدمة مسيحيَّة، بل ما نسعى إليه هو قلوب مستمعينا. ينبغي ألاَّ نرضى بالتطبيقات التي تأسر مجرد جزء من تفكير المستمع أو ممَّا يعمله. بالأحرى، بصفتنا وعَّاظًا تفسيريِّين كتابيِّين ينبغي أن يكون هدفنا هو استحواذ الله تمامًا على إرادة المستمعين وعواطفهم. فالقلب هو عرش القوَّة، وهو عامل التغيير.

يتشارك التطبيق القلبيُّ الكامل مع المواءمة الثقافيَّة في أربع طرق على الأقل فهو:

- يهدف بدقة إلى التوبة القلبيَّة.
- يتأصَّل داخل الصلاة القلبيَّة.

- ينشأ من الوعي القلبيّ.
- ينبع من قلب النصّ الكتابيّ.

التوبة القلبيَّة

دعونا نعود إلى عظة بولس في أثينا. كان بولس يعظ هناك من أجل التوبة من القلب. وقد دعا أهل أثينا إلى "التوبة" (أعمال الرسل ١٧: ٣٠) ودعاهم ألا يبقوا في "أزمنة الجهل". لم يكن بولس يريد من أهل أثينا أقلّ من تغيير ذهنهم، وقلبهم، وإرادتهم بالكامل.

في أثناء تحضير العظة ينبغي أن يسأل الواعظ نفسه عددًا من الأسئلة حين يفكِّر في تطبيق النصّ: "هل أعظ من أجل تغيير داخليٍّ في القلب؟ هل أنا عازف عن الكلام والدعوة للتوبة؟ هل عظتي تتخطَّى مجرَّد المعرفة العقليَّة؟"

تذكَّر أن الهدف من المواءمة الثقافيَّة ليس هو مساعدة رسالة الإنجيل على أن تكون حقيقة أخرى مثيرة للاهتمام، بل نهدف من البداية إلى الفوز بقلوب المستمعين من أجل ملء المدح الذي يستحقُّه المسيح. ولكي يحدث هذا العمل المجيد، يقتضي ذلك أن يأخذ روح **الله** كلمة **الله** ويُطبِّقها على شعب **الله**. من يستطيع أن يغيِّر قلوب البشر إلاَّ **الله** وحده؟ (وما يدعو إلى السخريَّة أنَّ أعداء يسوع كانوا يفهمون هذه الفكرة؛ انظر مرقس ٢: ٧).

الصلاة القلبيَّة

بما أنَّ الهدف من تطبيق العظة هو القلوب التائبة كليًا، وبما أنَّ **الله** وحده هو الذي يستطيع أن يُحقِّق هذا الهدف، يجب أن نبدأ هذا الجزء الخاصَّ بالتطبيق من عمليَّة تحضير العظة، ونحن ساجدين في الصلاة. يجب أن نكون على دراية بالصلاة من القلب.

يشجِّعنا لوقا ١١: ١– ١٣ نحو هذه الغاية. جاء التلاميذ إلى يسوع يريدون أن يتعلَّموا كيف يُصلُّون، مثلما علَّم يوحنا تلاميذه. ردًّا على طلبهم، قدَّم لهم يسوع نموذجًا للصلاة (لوقا ١١: ١ – ٤). ثم قال لهم مثلاً ليشجِّعهم على الصلاة، وذلك بمقارنة **الله** الآب بصديق مقرَّب. هذا الصديق يستيقظ في نصف الليل ويأبى أن يساعد صديقه. فالصداقة لها حدود! لكنَّ **الله** بصفته الآب ليس مثل هذا الصديق. فـ**الله** مستعدّ دومًا لمساعدتنا. اسألوا تُعطَوا. اقرعوا وهو سيفتح لكم. وما هو بالضبط الذي يَعدُ **الله** بأن يعطيه لنا؟ "الآبُ الَّذِي مِنَ السَّمَاءِ يُعْطِي [سيعطي] الرُّوحَ الْقُدُسَ لِلَّذِينَ يَسْأَلُونَهُ" (١١: ١٣). ولا حتَّى تلاميذ يوحنا المعمدان، الذين تعلّموا كيف يصلّون، كانوا يعرفون عن الروح القدس (أعمال الرسل ١٩: ١– ٢). ولكن، شكرًا **لله**، فنحن نعرفه. و**الله** يعد بأن يمنحه لنا!

الوعي القلبيُّ

مثلما يجب أن نرفع قلوبنا **لله** من أجل نفوس شعبنا، هكذا ينبغي أن نعرف قلوب شعبنا. تساعدنا المواءمة الثقافيَّة على رؤية ما يسيطر على قلوب من هم من حولنا. وببساطة، إن كان تطبيق عظتنا يخدم عمليَّة استحواذ **الله** على قلوب شعبنا، نحتاج أن يكون لدينا وعيٌ قلبيٌّ بشعبنا. يجب أن نميِّز، عن طريق المراقبة الدقيقة، القِيَم والالتزامات التي يتمسَّكون بها داخليًا، وبخاصَّة تلك الأشياء التي تمنعهم من أن يعيشوا الحياة المُرتَّبة ترتيبًا صحيحًا في العبادة وطاعة المسيح.

إنَّ كتابات أغسطينوس ورسائل بولس (علاوة على الكتابات عن وعظه في سفر أعمال الرسل) تحتوي على مادة ضروريَّة للوعَّاظ لا غنى عنها للتأمُّل في خُطوَة المواءمة الثقافيَّة. وفي الواقع، تعتبر كتابات هذين

الرجلَين وحدها كافية لسدٍّ احتياج الواعظ المفسِّر. من المثير للسخرية أن يظنَّ أحدهم أنَّ مجرَّد الإشارة للصحف أو وسائل الإعلام الإخباريَّة يمكنه أن يفي بالغرض. إنَّ هذا النوع من الكتابة، في أغلب الأحيان، يفشل في الوصول إلى أبعد ممَّا يجري في هذا العالم. أمَّا مسألة لماذا يفعل البشر ما يفعلونه فهذا هو الجزءُ الرئيسيّ. وكشف النقاب عن هذا سيكون دومًا مسألة تخصُّ القلب! لا أحد ضرب مثلاً لهذه البراعة أفضل من أغسطينوس وبولس. إنَّهما يعرضان أمامك كيف تستغلُّ الأخبار. ولحسن الحظ يمكن تعلُّم ما قدَّمه أغسطينوس وبولس واكتسابه. على سبيل المثال، أبرز المؤرخ بيتر براون Peter Brown، من مدينة برينستون، هذا النوع من الوعي القلبيِّ في أبحاثه وقراءاته عن روما القديمة. كتب براون عن amor civicus، أي محبَّة مواطني روما للمدينة وأهلها. وقال:

> يُمدَح الشخص الغني الذي يُظهر هذه المحبة، ويعتبرونه مُحبًّا لوطنه (amator patriae). وكان هذا أنبل أنواع المحبَّة التي يمكن أن يُظهرها شخص ثريّ. كُتِب هذا النوع من المحبَّة (amor civicus) على جميع حوائط المعابد، والساحات، والمباني العامة، والأقواس، وصفوف الأعمدة، وأماكن التسلية الجماهيريَّة الواسعة: المسارح، والمدرَّجات، والملاعب الرومانيَّة، التي لا تزال تبهر السيّاح بأيِّ موقع سياحيٍّ رومانيٍّ في أيَّة منطقة تقريبًا في أوروبا الغربيَّة وشمال أفريقيا.[٣]

يصف براون شعب روما بأنَّ لهم "صورًا طبيعيَّة لقلوبهم". إنَّه يصفهم بأنَّهم "المحبُّون لوطنهم" و"المحبُّون الذين تحتلُّ روما قلوبهم".[٤] لو كان

3 Peter Brown, *Through the Eye of a Needle* (Princeton: Princeton University Press, 2012), 64.

4 Peter Brown, *Through the Eye of a Needle* (Princeton: Princeton University Press, 2012), 96-101.

براون يعظ فعليًّا أهل روما، لكان هذا هو بالضبط نوع المعرفة الذي يمكن استغلاله بطريقة ممتازة في تطبيق العظة. وعلى غرار روما القديمة، إنَّ مدننا هي أماكن تصطدم فيها الرؤى والفلسفات الحياتيَّة المختلفة، ومع هذا، تبقى قلوب الرجال والنساء مكشوفة. ويجب علينا أن نتعلم مهارات الاستماع التي يوضِّحها بيتر براون ببراعة.

إنَّ تطبيق كلمة **الله** اليوم ببصيرة نافذة، يساعد على معرفة ما يحبُّه جمهورنا، ويعتزُّ به، ويقدِّره. هل فعلتَ هذا من قبل؟ هل لديك وعي قلبيٌّ بالناس في البيئة المحيطة بك؟

قلب النصِّ الكتابيِّ

على الرغم من أنَّ كلَّ واعظ يحتاج وعيًا قلبيًّا لما يجري في قلوب مستمعيه، من الخطأ أن نفكِّر أنَّ كلَّ ما يحتاج الواعظ أن يعمله هو تطبيقات جيِّدة في العظة. تذكَّر أنَّ خدمة الإنجيل الصحيحة دائمًا ما تكون على وعي بثقافة المستمعين، ولكن ما يوجِّهها هو النصُّ الكتابيُّ.

يدفع الجمهور بعض الوعَّاظ أكثر من اللازم، ومحور تركيزهم هو أن تُوائِم عظاتهم ثقافة جمهورهم، لدرجة أنَّه حين يأتي الوقت لإعداد تطبيقات العظة، يغيب النصُّ الكتابيُّ عن عقول هؤلاء الوعَّاظ! سمعت في الحقيقة بعض الوعَّاظ يصف وقت إعداد تطبيقات العظة على النحو التالي: إنَّهم يجلسون في دراستهم وعيونهم مغلقة، ورؤوسهم إلى الخلف، ووجوههم ناحية السقف.

إنَّ استراتيجيَّة مواءمة العظة ثقافة الجمهور لها مكانها في العظة، غير أنَّه يجب ألاَّ تكون لها الأولويَّة. فالواعظ يمكنه أن يخدم شعبه بشكل أفضل وعيناه مفتوحتان على النصِّ ومُحدِّقتان فيه. المبدأ الذي يجب

ألاَّ ننساه هو أنَّ تطبيقات عظتك ترتبط دائمًا **بقلب النصّ الكتابيّ**. ولكي تجدها، عليك أن تطرح أسئلة أفضل، لا تلك الأسئلة عن جمهورك، بل أسئلة تطرحها على النصّ.

السؤال الأول الذي أطرحه دائمًا على النصّ الكتابيّ هو: "ما الذي قصد كاتب السِّفر أن يوصِّله لقرَّائه؟" هذه، إلى حدّ بعيد، أفضل خطوة للبداية. فهذه الخطوة تجعل أفكارك متماشية مع قصد الكاتب. إنَّ التعبير بوضوح عن القصد من النصّ يقطع بنا شوطًا طويلاً نحو الوصول للتطبيقات على جمهورنا. أحيانًا نجد قصد الكاتب واضحًا وصريحًا. وفي هذه الحال، يعطينا التطبيق مع النصّ. على سبيل المثال، في قصة داود وجُليات، نقرأ:

> "هَذَا الْيَوْمَ يَحْبِسُكَ الرَّبُّ فِي يَدِي فَأَقْتُلُكَ وَأَقْطَعُ رَأْسَكَ. وَأُعْطِي جُثَثَ جَيْشِ الْفِلِسْطِينِيِّينَ هَذَا الْيَوْمَ لِطُيُورِ السَّمَاءِ وَحَيَوَانَاتِ الأَرْضِ، فَتَعْلَمُ كُلُّ الأَرْضِ أَنَّهُ يُوجَدُ إِلَهٌ لإِسْرَائِيلَ. وَتَعْلَمُ هَذِهِ الْجَمَاعَةُ كُلُّهَا أَنَّهُ لَيْسَ بِسَيْفٍ وَلاَ بِرُمْحٍ يُخَلِّصُ الرَّبُّ، لأَنَّ الْحَرْبَ لِلرَّبِّ وَهُوَ يَدْفَعُكُمْ لِيَدِنَا" (صموئيل الأوَّل ١٧: ٤٦– ٤٧).

يقدِّم لنا هذا النصُّ مغزى القصَّة: خدمت المعركة الغرض التبشيريَّ (أن تعرف الأرض كلُّها أنَّه يوجد إله في إسرائيل) والغرض التعليميّ، أي تعليم شعب الله أن يؤمنوا به (الرب يُخلِّص لا بسيف ولا برمح، لأنَّ الحرب للربِّ).

السؤال الثاني المفيد الذي أطرحه على النصِّ هو: "كيف تتجاوب الشخصيَّات في هذا النصّ مع الحقِّ الإلهيّ، أو كيف تتجاوب مع مسيح الله؟" أحيانًا تقدم الشخصيات مثالاً للتناقض لجمهور المستمعين في الكنيسة. وعظتُ ذات مرة من أحد النصوص التي تُبرز التباين بين مَلِكين: شاول وداود (صموئيل الأوَّل ٢٢). يا له من أصحاح مبهر! تظهر على مسرح

هذا النصّ شخصيَّتان ثانويَّتان مع ملكين ذائعي الصيت. الشخصيَّة الأولى هي دُوَاغُ الأَدُومِيُّ، الذي كان مواليًا لشاول، والثانية هي أبياثار، الذي عَزَمَ أن يتبع داود. أصبح دُواغ وأبياثار شخصيَّتين نافعتين لتطبيق العظة. هل سنتبع "مسيح الله" مع أنه يبدو ضعيفًا وهاربًا؟ أم سنفعل مثل دُواغ، ونتبع الملك الأرضيَّ الذي سيزول سلطانه مع المزايا التي يتمتَّع بها في نهاية المطاف؟

السؤال الثالث المفيد هو: هل هذا التطبيق هو الأساسيُّ لهذا النصِّ أم أنَّه ليس سوى تطبيق محتمل؟ يجب ألاَّ تقدِّم تطبيقًا ثانويًّا أو من الدرجة الثالثة قبل أن تتأكَّد من أنَّك أوصلت لجمهورك التطبيق الأساسيَّ. يجب أن يكون هدفك الأساسيُّ من النصِّ متماشيًا مع هدف الروح القدس منه. فكِّر في هذا السؤال وتصوَّر سُلَّمًا وفي كلِّ درجة من درجاته يصبح التطبيق مجرَّدًا أكثر فأكثر. فكلَّما كانت الدرجة بعيدة في السلَّم، ستجد أنَّك بعيد عن الوصول إليها. إنَّها ببساطة بعيدة عن الدرجات الأخرى أكثر من اللازم، ومن الأفضل أن تَعتمد تطبيقًا أكثر واقعيَّة، وأقوى تأثيرًا، وأكثر وضوحًا، وأساسيًّا وليس ثانويًّا. ما أعنيه هو أنَّه كلَّما أمعنت في المنحى التجريديّ والنظريّ في تطبيقاتك، كلَّما خفَّت شرعيَّة التطبيقات وقلَّت فائدتها.

في تلك المرَّات التي أريد فيها أن أطبِّق النصَّ الكتابيَّ بطرق متعدِّدة، دائمًا ما أبدأ بالتطبيق الأساسيّ. وكلما ابتعدتُ عن التطبيق الأساسيّ، أُخبِر شعب الكنيسة بأنَّ ما أقوله هو أقرب إلى التوسُّع في تطبيق النصّ إلى أبعد من الحدّ الطبيعيّ. لنعُد مرة أخرى للتفكير في حديثنا عن صموئيل الأوَّل الأصحاح الثاني في الفصل الأوَّل من هذا الكتاب. كانت بعض التطبيقات عن تربية الأطفال، لكن عندما درسنا النصّ، رأينا أن هذا التطبيق ثانويٌّ، بل هو تطبيق من الدرجة الثالثة.

سؤالٌ مفيدٌ آخر أفحص به تطبيقاتي، وفقًا لما يسمح به النصّ وما لا يسمح به، هو "هل هذا التطبيق يهدم النصّ؟" إنّ كون التطبيق ممكنًا لا يعني بالضرورة أنّه التطبيق الذي كان في ذهن الكاتب. والسؤال المرتبط بهذا السؤال هو: هل تطبيقي للنصّ يتعارض مع نصوص كتابيَّة أخرى؟ إن كان كذلك، فيجب ألّا أستخدمه. فكِّر في تلك المناسبة التي كَذَبَ فيها داود على أخيمالك الكاهن لكي يحصل منه على طعام وسلاح (صموئيل الأوَّل ٢١). ربَّما تستخدم هذا النصّ لتقديم دليل على إمكانيَّة استخدام "الخداع المقدس" في خدمة الله، لكنَّك ستواجه مشكلات حين تأتي إلى تطبيق كولوسّي ٣: ٩– ١٠. يحميك هذا السؤال الأخير من ارتكاب خطأ إدخال نصٍّ كتابيٍّ في معركة مع نصٍّ كتابيٍّ آخر.

الفحص الأخير لخطوة التطبيق هو أن أطرح سؤالاً يوجِّهني إلى قلب الكتاب المقدَّس نفسه. "هل التطبيق الذي أقدِّمه متأصِّل في الإنجيل، أم أنّي أخاطر ببساطة بوضع المزيد من الوصايا على شعبي؟" حين تعظ من يعقوب ٣: ١– ١٢ على سبيل المثال، سيكون من السهل جدًّا أن تقول: "اضبط لسانك". غير أنَّه لو توقَّفنا عند هذا، سيكون التطبيق مجرَّد تقديم مبادئ أخلاقيَّة. إنَّ فكرة الأصحاح هي أنَّ التحكُّم في اللسان أمرٌ مستحيل. نحن بحاجة إلى النعمة. ويتابع يعقوب توضيحه لهذه الفكرة في الأعداد (١٣– ١٨)، حيث يتحدَّث عن حاجتنا إلى طلب الحكمة "من فوق".

كلمة أخيرة

لكي يترك الوعَّاظ أثرًا اليوم، يجب عليهم أن يستخدموا المواءمة الثقافيَّة بالمشاركة مع النصّ الكتابيّ. ليس ذلك فقط، بل ينبغي أن نستفيد من كليهما بطرق تساعدنا في تركيبة جمهورنا، وترتيب مادَّة العظة، والحجج التي نقدِّمها، وتطبيق العظة.

ومع أنَّ أفضل مفسِّري الكتاب المقدَّس ينشغلون بشدَّة بمسألة **اليوم**، فإنَّهم يقومون بكلِّ العمل اللازم لتحضير العظة (سواء كان التفسير، أو التفكير في جانب النصّ اللاهوتيّ، أو مواءمة العظة ثقافة الجمهور) في ضوء **ذلك اليوم**؛ أي اليوم الذي سيأتي فيه يسوع ثانية، حيث ستنكشف كلُّ الأشياء، بما في ذلك الدوافع الداخليَّة في قلوب الوعَّاظ. أرجو أن يساعدك إدراكك لذلك اليوم على أن تظل مُصلِّيًا، وأمينًا، وتترك الله مهمَّة إنتاج الثمر الوفير.

الخاتمة

العظام اليابسة

ألقى تشارلز سيميون عظته الأولى بعد رسامته في عيد الثالوث الأقدس، (أوَّل أحد بعد يوم الخمسين)، بدلاً من راعٍ آخر كان في إجازة. لم يبلغ سيميون في ذلك الوقت سوى الثانية والعشرين من عمره. وبعد عشرات السنين، تأمَّل سيميون في جهوده الأولى في الوعظ. فكتب:

> "بما أني الآن أعرف السيد أتكنسون Atkinson معرفة شخصيَّة، فقد اضطلعت برعاية كنيسته خلال إجازته الطويلة، وأستطيع القول إن الله قصد من ذلك خيرًا. خلال شهر أو ربَّما ستَّة أسابيع ازدحمت الكنيسة جدًّا؛ وكان يحضر يوم التناول من مائدة الرب ثلاثة أضعاف العدد المعتاد، فقد دبَّت الحياة بطريقة ملحوظة في العظام اليابسة."[1]

أُحِبُّ كواعظ كلَّ تفاصيل ذلك الوصف المُختَصر الذي رواه سيميون عن عظاته الأولى، بدءًا من الطريقة المعتادة التي بدأ بها، إذ حلَّ بديلاً لرجل آخر في إجازة، إلى تعبيره البسيط عن رجائه في أن يكون نافعًا. يا لها من بداية رائعة! أفترض أنَّ الله قصد لتلك العظات الأولى أن تكون مثمرة على نحو خاصٍّ كعطيَّة خاصَّة المقصود بها أن تكون عونًا له في خدمته. إذ إنَّه سرعان ما سيواجه العديد من التجارب في كامبريدج. ولعلَّ

1 William Carus, *Memoirs of the Life of the Rev. Charles Simeon* (London: Hatchard and Son, 1847), 24.

أحبّ جزء إلى قلبي هو نظرته لتأثير كلمة الله التي ينادي بها الواعظ: "دبَّت الحياة في العظام اليابسة".

أنا على قناعة راسخة بأنَّ ما حدث مع سيميون في ذلك اليوم يمكن، بفعل نعمة الله، أن يحدث مرة أخرى. وربَّما يبدأ معك!

وضعتُ هذا الواعظ الصغير في السنِّ أمام عينيَّ وفي فكري عند كتابة هذا الكتاب الصغير عن الوعظ. فسواء كنتَ في الثانية والعشرين أو في الثانية والثمانين، أو بينهما، أصلِّي أن يستخدم الله خدمتك بطرق تمنحنا جميعًا "رجاءً بأنَّ خيرًا ما قد يحدث".

الملحق

أسئلة يطرحها الوعّاظ

في ما يلي بعض الأسئلة الفاحصة التي يمكنك استخدامها لإرشادك في عمليَّة تحضير العظة من البداية إلى النهاية.

التفسير

هل صلَّيْتَ لطلب معونة الله عندما بدأتَ العمل؟

البنية

كيف نظَّم الكاتب هذا النصّ؟ سيكون مفيدًا أن تحدّد بوضوح بداية مقاطع الآيات ونهايتها لكلٍّ جزء من أجزاء البنية.

عمومًا: هل توجد كلمة، أو عبارة، أو فكرة متكرِّرة في النصّ؟

الرواية: كيف قُسِّم النصُّ إلى مشاهد؟ هل هو مقسَّم بناءً على المواقع الجغرافيَّة أم تغيير الشخصيَّات والانتقال بينها؟ ما هي الحبكة الروائيَّة؟ (ما الصراع، أو ما الذي يخلق توتُّرًا دراميًّا؟ ما هي ذروة الأحداث أو نقطة التحول؟ هل تمَّ حلُّ الصراع؟ إن كان كذلك، كيف؟)

الخطاب: كيف تُظهر القواعد النحويَّة أو منطق الفقرة الكتابيَّة تسلسلَ الأفكار؟

الشِّعر: كيف تتغيَّر نغمة هذه القطعة الشعريَّة أو موضوعها؟

ماذا يكشف تنظيم النصّ عن المضمون الذي يقصده الكاتب؟

القرينة (السياق)

كيف تُخبرنا القرينة الأدبيَّة المباشرة –أي المقاطع السابقة للنصّ المراد دراسته والمقاطع اللاحقة له– عن معنى النصّ؟ لماذا يوجد هذا النصّ هنا في هذا المكان؟

ما هو الموقف التاريخيُّ الذي كان يواجهه الجمهور الأوَّل أو القرَّاء الأوائل استنادًا إلى النوع الأدبيِّ؟

كيف يتلاءم النصُّ الكتابيُّ مع السياق الأوسع؟

نغمة السفر

ما هو جوهر هذا السفر؟

كيف يساعدني النصّ الكتابيّ على فهم نغمة أو جوهر السِّفر وكيف تساعدني نغمة السِّفر على فهم النصِّ الكتابيّ؟

ما هي فكرة النصّ الرئيسيَّة؟

التفكير في جانب النصّ اللاهوتيّ

كيف يخلق توقُّعًا لنصِّ الإنجيل أو يرتبط به؟

كيف يساعدني اللاهوت الكتابيّ على رؤية الإنجيل في النصّ؟ كيف يستخدم الكاتب تتميم النبوَّات، والمسار التاريخيّ، والموضوعات الرئيسيَّة، أو التشابهات؟

كيف يساعدني اللاهوت النظاميّ على رؤية الإنجيل في النصّ؟ هل يحفظني في الإيمان، ويساعدني على أن أربطَ النصّ بالإنجيل، أو يعزِّز مهارتي في الكرازة لغير المؤمنين؟

المواءمة الثقافيَّة واليوم

جمهور المستمعين

هل أعرف الجمهور الذي سيستمع لهذه العظة؟ هل تعهَّدتُ بأن أحبَّهم؟ هل كنت أصلّي من أجلهم طوال عمليَّة تحضير العظة؟

ترتيب مادَّة العظة

ما هي البنية والمضمون، أي محور التركيز، اللذان أريد أن أضعهما في العظة؟ هل هذه البنية وهذا المضمون يعكسان بنية النصّ ومحور تركيزه؟

التطبيق

هل هدفي من الوعظ هو إحداث تغيير داخليٍّ في القلب، سواء في حياتي أو في حياة المستمعين؟ وهل أفعل ذلك بطريقة تجعل المستمعين يتّضعون، وتُمجِّد المخلِّص، وتُعزِّز القداسة في حياة الحاضرين؟

ما الذي يقصد كاتب السِّفر أن يوصِّله لقرّائه؟

الرواية: كيف تتجاوب الشخصيّات في النصّ مع الحقّ الإلهيّ، أو مع الشخص الممسوح من الله؟

الخِطاب / الشِّعر: كيف يريد الكاتب من قرائه أن يتجاوبوا؟

هل ينبع تطبيقي من قصد الكاتب؟

هل تطبيقي هو التطبيق الأوَّليّ للنصّ، أم هو مجرّد تطبيق محتمل؟

هل يُضعِف تطبيقي النصّ؟ وهل يتعارض مع نصوص كتابيَّة أخرى؟

هل التطبيق الذي أقدِّمه متأصِّل في الإنجيل، أم أنِّي أخاطر بوضع المزيد من الوصايا على شعبي؟

هل أنا مستند إلى النصّ لأقول ما أريد أن قوله؟ أم أنِّي لا أخرج من النصّ سوى ما هو موجود فيه بالفعل؟

شكر خاص

كان كِنت هيوز Kent Hughes وديك لوكاس Dick Lucas اثنين من الوعَّاظ الذين قدموا لي مثالاً يُحتذى به في الوعظ التفسيريّ. هذان الرجلان، مع انشغالهما الكبير بتفسير كلمة الله، خصَّصا الوقت ليستثمرا في حياتي. لذا أشكرهما على ذلك. سيبقيان دومًا صديقَين عزيزَين، وأنا على يقين بأنَّ هذه الصفحات فضلى بفضلهما.

علاوة على ذلك، أودُّ أن أعبِّر عن تقديري للراعيَيْن الأقرب إليّ، اللذين خدمت معهما: جون دينيس Jon Dennis، وآرثر جاكسون Arthur Jack-son. فالسنوات الطويلة التي قضيتماها في الخدمة الأمينة كانت مصدرَ تشجيع لي. أنا مدين لكنيسة هولي ترينيتي في هايد بارك في شيكاغو، فقد قبلتم كلمة الله بفرح طوال خمس عشرة سنة. والأكثر من هذا، كنَّا معًا أسبوعًا تلو الآخر، نتعهَّد بأن يرعى كلُّ واحد قلبَ الآخر بكلمة المسيح. كم أنا ممتنٌّ لذلك، مثلما أنا ممتنٌّ لكم. جعلنا الله فرحين تحت قيادة المسيح!

أودُّ أيضًا أن أعبِّر عن امتناني لصداقتي مع مارك ديفر Mark Dever وجوناثان ليمان Jonathan Leeman. لم تكن هذه الأفكار لترى النور لولا دعوتهما الكريمة لي وحثّهما لي على الكتابة. أيُّها السادة، شكرًا لكما على إتاحة الفرصة لي لأشارككما هذا العمل.

فضلاً عن ذلك، أقدِّم شكري لتارا ديفيس Tara Davis من مؤسَّسة كروسواي Crossway على جهدها في تحرير نصِّ هذا الكتاب، الذي لولاه لَمَا خرج الكتاب بهذه الجودة. شكرًا لكِ.

ومن المقرَّبين إلى قلبي، أشكر الله شكرًا عميقًا من أجل روبرت كيني Robert Kinney، صديقي في خدمة قضيَّة المسيح. شكرًا لك، كالعادة، على تنقيح مخطوطة هذا الكتاب، وشكرًا لك بالأكثر على مشاركتي مسؤوليَّة قيادة مؤسَّسة تشارلز سيميون.

أخيرًا، ليزا زوجتي، شكرًا على محبَّتِك التي غمرْتِني بها وحدي لثلاثة عقود الآن. أحبُّ بشكلٍ خاصّ ذلك المكان الذي هيأتِه في قلبكِ لكلمة الله، المكان الذي يزداد اتِّساعًا كلَّ يوم.

سلسلة بناء الكنائس الصحيحة **9Marks** IX

هل تنعمُ كنيستك بالصحَّة؟

تهدفُ هيئة "9Marks" لتزويد قادة الكنائس بمصادر كتابيَّة وعمليَّة، لإظهار مجد الله للأمم من خلال الكنائس الصحيحة.

من أجل هذا الهدف نريد أن نساعد الكنائس على النموِّ في العلامات التسع للصحَّة، والتي كثيرًا ما يتمُّ إغفالها:

١. الوعظ التفسيريّ
٢. اللاهوت الكتابيّ
٣. الفهم الكتابيّ لبشارة الإنجيل
٤. الفهم الكتابيّ للاهتداء
٥. الفهم الكتابيّ للكرازة
٦. العضويَّة الكنسيَّة
٧. التأديب الكنسيّ الكتابيّ
٨. التلمذة الكتابيَّة
٩. القيادة الكنسيَّة الكتابيَّة

نكتبُ في "9Marks" مقالاتٍ، وكتبًا، وتقييماتٍ لكتب، كما نُصدرُ مجلّةً إلكترونيَّة، وأيضًا نعقدُ مؤتمراتٍ، ونقومُ بتسجيل مقابلاتٍ وننتج مصادر أخرى لتمكين الكنائس من إظهار مجد الله.

قم بزيارة موقعنا الإلكترونيِّ لتجد محتوىً بأكثر من ٣٠ لغة، كما يمكنك تسجيل دخولك على موقعنا لتحصل على مجلَّتنا الإلكترونيَّة المجانيَّة. يمكنك أن تجد قائمة بمواقعنا الأخرى الخاصَّة بلغات مختلفة على هذا الرابط: 9marks.org/about/international-efforts/.

9Marks.org

إصدارات 9Marks

سلسلة بناء الكنائس الصحيحة

من أجل كنائس كتابيّة مفعمة بالصحة.

Website: www.tsfministryeg.com
Email: TSF.Ministry@gmail.com